はじめてでも簡単！

やさしい
和菓子

松井ミチル

主婦の友社

はじめに

お茶を飲んで、お菓子を食べて、ほっとひと息つく。
一日の中ではほんのささやかな時間ですが、
それだけで気分転換になったり、気持ちがしゃっきりしたり、
とても大切なひとときです。
もし、そこにおいしい和菓子があったら、なおさらのこと。
ふんわりやわらかな「おもち」や
ふかしたての「おまんじゅう」、
とろけてしまいそうな「ようかん」や
ほくほくと香ばしい「焼き菓子」……。
そんな和菓子を、家のキッチンで作ることができるのです。

この本では、とにかく簡単で、
失敗しにくいレシピを考えました。
はじめての人も、以前にくじけてしまった人も、
気軽にチャレンジできるお菓子ばかりです。
電子レンジやフライパンなど、使い慣れた道具でできるので、
かまえなくても大丈夫。
まずは、好きな和菓子を作ってみましょう。
そしてお茶をいれ、ゆっくりと味わってください。
手作りすることの楽しさ、大切さが
体にも心にもじんわりとしみわたっていくはずです。

　　　　　　　　　　　　　　　　　松井ミチル

材料について

[上新粉] うるち米を精白して、乾燥したあと製粉したもの。水や砂糖を加えて加熱し、こねて使います。しこしことした弾力が特徴で、団子やもち菓子に使用。目がこまかいものを上用粉と呼びます。

[白玉粉] 精白したもち米を水に浸してすりつぶし、水にさらして脱水、乾燥したもの。やわらかく弾力があり、白玉やぎゅうひなどに使用。

[道明寺粉] もち米を蒸して乾燥させ、ひいたもの。あらびき、中びき、こまかびきなどがあります。大阪・道明寺で保存食として作られたのが始まりとされています。関西風の桜もちなどに使用。

[小麦粉] 小麦をひいて作った粉。強力粉、中力粉、薄力粉などがありますが、この本では色が白くてきめのこまかい薄力粉を使っています。どら焼きなどの焼き菓子に使用。

[片栗粉] じゃがいもからとったでんぷん。昔は片栗というユリ科の植物の地下茎からとったでんぷんだったため、この名がつきました。もちなどの手粉として使用。

[粉寒天] 海藻による天然の糸寒天は、一晩水に浸さなければ使えません。この本では手軽な粉寒天を使っています。安定した品質で凝固力が強く、寒天菓子やようかんに使用。

[わらび粉] わらびの地下茎からとったでんぷんなどを配合したもの。水を加えてねり上げると、ぷるぷるの生地に。わらびもちに使用。

[葛粉] 葛の根からとったでんぷん。水にといて加熱すると透明ののり状に。葛100％が「本葛」。ほかのでんぷん入りの「並葛」は水分量が違うので注意。葛きりなどに使用。

[こしあん] ゆでたあずきの皮をとり除き、砂糖を加えてペースト状にしたもの。ねりあんと表示されているものも。あずきの形状を出さず、なめらかさを重視したお菓子に使用。

[粒あん] あずきを煮て、砂糖などを加えてねったもの。小倉あんと表示されているものもあります。あずきの粒が残っているので、食感を出したいお菓子に使用。

[ベーキングパウダー] 重曹と酸性剤を混合した合成膨張剤。ねったり、熱を加えたときなどに、生地をふくらませるもとになります。焼き菓子や蒸し菓子などに使用。

[重曹] アルカリ性の膨張剤。生地をふくらませる力が強く、でき上がりにも弾力が生まれます。小麦粉中の成分を黄色くさせるため、濃い色に仕上げるおまんじゅうに使用。

[アガー] 海藻による凝固剤。短時間でかたまり、ゼリーに近いやわらかな食感が特徴で、プリンなどに使っています。「イナアガー」を使用。

道具について

[フライパン] 生地がはりつかないよう、フッ素樹脂加工のものを。焼き色もきれいにつきます。

[片手なべ] 葛粉やわらび粉など、火にかけながらねるときに使用。

[蒸し器] ステンレス製は蓋についた水蒸気が落ちてしまうので、必ず蓋にふきんをかぶせて使いましょう。もちろん、せいろでも代用可能。

[はかり] 正確に計量するためにはこまかくはかれるよう、デジタル式キッチンスケールがおすすめです。

[計量カップ] 液状のものや粉をはかるときに使います。目盛りが正確に読めるものを選びましょう。

[計量スプーン] 基本となる大さじ、小さじだけでなく、それぞれの倍量や半量のものもあると便利です。

[ラップフィルム] 電子レンジの加熱時にボウルにかけたり、生地を茶きんしぼりにするときに使用。

[クッキングシート] おまんじゅうなどが蒸し器につかないように、必ずこのシートを敷きます。

[電子レンジ用耐熱容器] 電子レンジで材料を加熱するときに使う専用容器。耐熱ボウルにラップフィルムでも代用できますが、専用容器は蓋つきなので作業がスムーズです。

[流し型] 寒天やようかんを流しかためるときに使うステンレス製の型。持ち手があり、底を持ち上げて生地をとり出せるタイプがおすすめ。

[耐熱ボウル] 電子レンジで材料を加熱したり、材料をまぜたりするときに使います。直径18cm、21cm、25cmなど、サイズ違いがあると便利。

[ゴムべら] 弾力性があるので、生地をまぜるだけでなく、ボウルについた生地をとるのにも便利。

[木べら] 耐熱性があるので、火にかけて生地をまぜるときに使用。

[泡立て器] 生地に空気を含ませながらふんわりとまぜるときに使用。

[ストレーナー] 粉をふるうときに使う道具。ボウルよりひとまわり小さめのものを用意しましょう。

[ふきん] 生地をこねるときに包んだり、ねかせるときにかぶせたり、さまざまなシーンで使います。

[電子レンジ] 加熱時間は600Wを基準にしていますが、500Wの場合は加熱時間を1.2倍にしましょう。

[フライ返し] 焼き菓子の生地を返すときや、火にかけながら焼き色を見るときにも使います。

[レードル] 生地をフライパンやマフィン型などにきれいに流せるように、玉じゃくしよりも、先端の細いレードルが便利。

07

目次

- 02 　はじめに
- 04 　材料について
- 06 　道具について

1章　電子レンジで おもち

- 12 　うぐいすもち
- 16 　桜もち
- 18 　いちご大福
- 20 　かしわもち
- 22 　わらびもち
- 24 　すあま
- 26 　みたらし・あん団子
- 28 　白玉ぜんざい

- 30 　column 1　計量について

2章　型に流して かためるお菓子

- 32 　水ようかん
- 36 　フルーツ道明寺かん
- 38 　錦玉かん　梅酒かん・赤ワインかん
- 40 　葛ようかん
- 42 　オレンジ泡雪かん
- 44 　簡単ういろう
- 46 　おいものあん玉
- 48 　栗ようかん

- 50 　column 2　火かげんについて

3章　フライパンで 焼き菓子

- 52　どら焼き
- 56　つやぶくさ
- 58　きんつば
- 60　鮎菓子
- 62　和風クレープ
- 64　茶通

- 66　column 3　あんについて

4章　蒸し器・なべで おまんじゅう

- 68　桜まんじゅう
- 72　あん包みわらびもち
- 74　葛まんじゅう
- 76　おいもの鬼まんじゅう
- 78　かるかんまんじゅう
- 80　ひと口利久まんじゅう
- 82　織部まんじゅう

- 84　column 4　形について

5章　冷たい 和風デザート

- 86　豆乳どうふ
- 88　マンゴープリン
- 90　葛きり
- 92　やわらかみつ豆
- 94　抹茶ババロア

＊計量器具 … 大さじ1は15㎖、小さじ1は5㎖、1カップは200㎖です。
＊電子レンジ … 600Wの場合の目安です。500Wの場合は加熱時間を1.2倍にしてください。

1章

電子レンジで おもち

もち菓子を作るときは、
ムラなく効率よく加熱できる電子レンジが便利。
口にしたときのやわらかさだけでなく、
生地をこねたり丸めたり、やさしい手の感触も魅力です。

1章 | 電子レンジで おもち

うぐいすもち

さわやかな青緑色の下は、ぷるんとやわらかなぎゅうひ。青大豆から作った青きな粉の春らしい色と、両端をきゅっとつまんだ形が、うぐいすを連想させるお菓子です。

1章 　電子レンジで　おもち

材料（8個分）
こしあん … 200g
水 … 大さじ1
[ぎゅうひ生地]
　白玉粉 … 50g
　砂糖 … 50g
　水 … 90㎖
青きな粉(手粉と飾り)
　… 1カップ弱

道具
電子レンジ、ボウル、耐熱ボウル(または電子レンジ用耐熱容器)、ラップフィルム、泡立て器、ゴムべら、木べら、茶こし、皿、はかり、計量カップ、計量スプーン

下準備　皿に青きな粉を振る。

1

ボウルにこしあんと水大さじ1を入れ、木べらでなめらかにまぜてやわらかくする。

2

1を8等分して丸める。

6

全体に青きな粉をまぶし、5×10cmほどの長方形にととのえる。ゴムべらで8等分のくぎりをつけて分ける。

7

青きな粉を手粉にし、直径5〜6cmの円形に薄くのばす。

3

耐熱ボウルに白玉粉を入れ、水を少しずつ加えて泡立て器でなめらかになるまでまぜ、白玉粉をしっかりとかす。砂糖を加えて、さらにまぜる。

4

3にラップフィルムをふんわりとかけ、蒸気が逃げるように一部にすきまをあけて、電子レンジで3分加熱する。

5

とり出して、木べらで透明感が出るまでよくまぜる。ひとかたまりにまとめて、青きな粉を振った皿にとり出す。

8

2のあんをのせ、逆さにして生地を下にのばすようにして包む。

9

もう一度返して、生地の端をつまんで閉じる。

10

さらに返して閉じ目を下にし、両端をつまんでうぐいすの形にととのえる。残りの青きな粉を茶こしで振りかける。

桜もち

道明寺粉を使って作る、関西風の桜もち。塩けのきいた桜の葉といっしょに味わえば、桜の風味と春らしい空気がふんわりと広がります。

作り方

下準備　色粉を菜箸の先でとって小皿に入れ（**A**）、水1〜2滴（分量外）でとく。

1. ボウルに桜の葉と水適量（分量外）を入れ、15〜30分つけて塩抜きをする。
2. こしあんは8等分して丸める（**B**）。
3. 耐熱ボウル（または耐熱容器）に道明寺粉と砂糖を入れ、熱湯を加えて木べらでよくまぜる（**C**）。水にといた色粉を少しずつ加えてピンクに着色し（**D**）、ラップフィルムをふんわりとかけて（または専用蓋をして）10分おく。
4. 電子レンジで2分加熱し、とり出してラップフィルム（または専用蓋）をしたまま15分蒸らす。
5. ラップフィルム（または専用蓋）をとり、木べらでまぜて生地に粘りを出す（**E**）。
6. 手水をして生地を8等分し、直径8cmほどの円形に薄くのばし、2のあんを包む（**F**）。
7. 桜の葉の表を上にし、6をのせてくるむ。

材料（8個分）

こしあん … 160g
[生地]
　道明寺粉 … 100g
　砂糖 … 大さじ1
　熱湯 … 150ml
桜の葉の塩漬け … 8枚
赤の色粉 … 少々

道具

電子レンジ、ボウル、耐熱ボウル（または電子レンジ用耐熱容器）、ラップフィルム、なべ、木べら、皿、菜箸、はかり、計量カップ、計量スプーン

いちご大福

あんの甘さといちごの酸味は、永遠の名コンビ。いちごから水分が出やすいので、作ったその日のうちに食べるようにしましょう。

作り方

下準備　皿に片栗粉を振る。

1. いちごは洗ってへたをとり、水けをふきとる。
2. こしあんは8等分し、いちごを包んで丸める(**A**)。
3. 耐熱ボウルに白玉粉を入れ、水を少しずつ加えて泡立て器でなめらかになるまでまぜ(**B**)、白玉粉をしっかりとかす。砂糖を加えてさらにまぜる。
4. 3にラップフィルムをふんわりかけ、蒸気が逃げるように一部にすきまをあけて、電子レンジで3分加熱する(**C**)。
5. とり出して木べらでよくまぜ、ひとかたまりにまとめて、片栗粉を振った皿にとり出す(**D**)。
6. 片栗粉を手粉にし、8等分して直径6㎝ほどに薄くのばす。2をのせて生地をのばすようにして包む(**E**)。

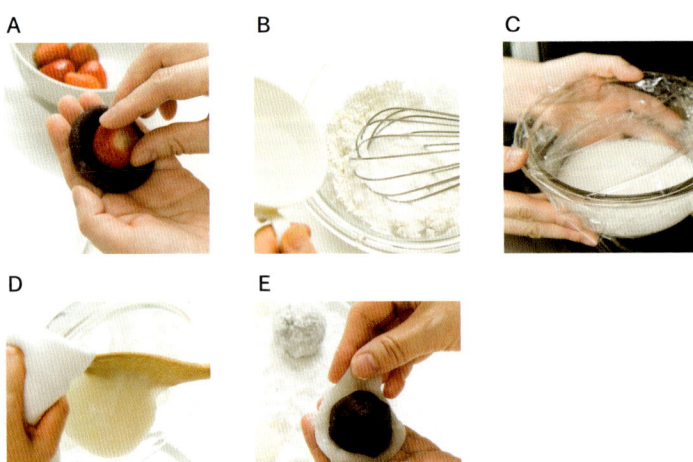

材料（8個分）

- いちご … 8個
- こしあん … 160g
- [ぎゅうひ生地]
  - 白玉粉 … 50g
  - 砂糖 … 50g
  - 水 … 90㎖
- 片栗粉(手粉) … 1カップ弱

道具

電子レンジ、耐熱ボウル(または電子レンジ用耐熱容器)、ラップフィルム、泡立て器、木べら、皿、はかり、計量カップ

かしわもち

端午の節句には欠かせない、お祝い菓子。
上新粉のおもち生地は、電子レンジで作ったとは思えないほどもっちもちで、食べごたえのある仕上がりです。

作り方

1. こしあんは8等分し、俵形に丸める（**A**）。
2. 耐熱ボウルに上新粉と水を入れて、泡立て器でよくまぜる。
3. ラップフィルムをふんわりとかけ、蒸気が逃げるように一部にすきまをあけて、電子レンジで4分加熱する（**B**）。
4. とり出して木べらでよくまぜる（**C**）。ムラなく熱を通すため、ボウルの中で生地を広げ（**D**）、再びラップフィルムをかけて、さらにレンジで3分加熱する。
5. とり出してさらによくまぜてひとかたまりにし、ぬれぶきんにとり出す。ふきんで包み込み、なめらかになるまで折りたたむようにこねる（**E**）。
6. 手水をし、生地を8等分して俵形に丸める（**F**）。薄くのばすようにして小判形にし、**1**のあんをのせて二つ折りにする。
7. かしわの葉の表を上にし、**6**をのせてくるむ。

材料（8個分）

こしあん … 200g
上新粉 … 200g
水 … 280mℓ
かしわの葉 … 8枚

道具

電子レンジ、耐熱ボウル（または電子レンジ用耐熱容器）、ラップフィルム、泡立て器、木べら、皿、ふきん、はかり、計量カップ

わらびもち

つるんとしたのどごしが魅力のわらびもち。
電子レンジで加熱し、ねって切り分けるだけという簡単さ。
できればかたくなる前、作ったその日のうちにどうぞ。

作り方

1. 黒みつを作る。耐熱ボウルに黒砂糖、水あめ、水を入れて泡立て器でよくまぜ、ラップフィルムをかけずに電子レンジで2分加熱する。とり出してさらによくまぜ、そのまま室温で冷ます。
2. わらびもちを作る。ボウルにわらび粉、砂糖、水を入れて泡立て器でよくまぜ、茶こしを通して耐熱ボウル(または耐熱容器)にこし入れる(**A**)。
3. ラップフィルムをふんわりとかけて(または専用蓋をして)、電子レンジで2分加熱する(**B**)。
4. とり出して木べらで底からよくまぜ、かたまり始めた生地をまぜる(**C**)。再びラップフィルムをふんわりとかけて(または専用蓋をして)、さらにレンジで3分加熱し、沸騰させる(**D**)。
5. とり出してさらによくまぜ、流し型に流し入れる(**E**)。そのまま室温で20分ほど冷ます。とり出して食べやすい大きさに切り分け、**1**の黒みつときな粉をかける。

※**2**の生地を片手なべに入れて、木べらでねりながら火を通してもなめらかなわらびもちが作れます。

材料
(約3人分、わらびもちは 12×8×高さ4cmの流し型1個分)

わらび粉 … 50g
砂糖 … 20g
水 … 250ml
[黒みつ]
　黒砂糖 … 70g
　水あめ … 30g
　水 … 50ml
きな粉 … 約½カップ

道具
電子レンジ、ボウル、耐熱ボウル(または電子レンジ用耐熱容器)、ラップフィルム、流し型(8×12×高さ4cm)、泡立て器、木べら、茶こし、はかり、計量カップ

A  B 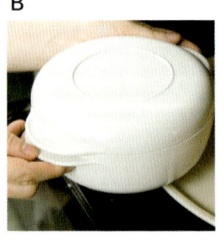 C

D  E

すあま

懐かしい甘みと、もちもち感が味わえるすあま。白いタイプもいっしょに作って紅白にすれば、素朴なお祝い菓子にもなります。

作り方

下準備　色粉を菜箸の先でとって器に入れ（A）、水1～2滴（分量外）でとく。巻きすの上にひとまわり大きなラップフィルムを敷き、片栗粉を振る。

1．耐熱ボウル（または耐熱容器）に上新粉、砂糖、水を入れ、泡立て器でよくまぜる。
2．水にといた色粉を少しずつ加えて、ピンクに着色する（B）。
3．ラップフィルムをふんわりとかけて（または専用蓋をして）、電子レンジで3分加熱する。とり出して木べらでよくまぜる。ムラなく熱を通すため、容器の中で生地を広げ（C）、再びラップフィルムをふんわりとかけて（または専用蓋をして）、さらにレンジで3分加熱する。
4．とり出してさらによくまぜてひとかたまりにし、ぬれぶきんにとり出す。ふきんで包み込み、なめらかになるまで折りたたむようにこねる（D）。
5．ふきんで包みながら直径3cmほどの棒状にまとめる。ラップフィルムを敷いた巻きすにおき、片栗粉を振る（E）。端に寄せてラップフィルムごと巻き、しっかり握って巻きすのすじをつける（F）。
6．輪ゴムなどで固定し、そのまま室温で1時間ほど冷ます。8等分に切る。

材料（約3×18cm 1本分）

- 上新粉 … 100g
- 砂糖 … 100g
- 水 … 170ml
- 片栗粉（打ち粉）… 適量
- 赤の色粉 … 少々

道具

電子レンジ、耐熱ボウル（または電子レンジ用耐熱容器）、ラップフィルム、泡立て器、木べら、包丁、まないた、菜箸、巻きす、ふきん、はかり、計量カップ、輪ゴム

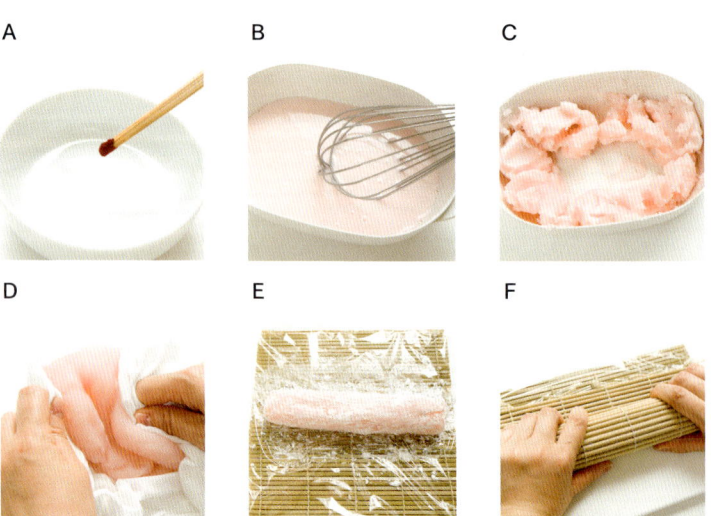

1章 電子レンジで おもち

みたらし・あん団子

みたらしのしょうゆだれも電子レンジで手軽に作れます。
団子はひと串に2個ずつと少なめにして、香ばしいみたらしも甘いあんも両方楽しめるようにしました。

作り方

1. しょうゆだれを作る。耐熱ボウルにしょうゆ、砂糖、片栗粉、水を入れて泡立て器でよくまぜる。ラップフィルムをかけずに電子レンジで1分加熱する。とり出してゴムべらでまぜ、さらにレンジで1分加熱し、とり出してよくまぜる(**A**)。こしあんは5等分する。あんがかたい場合は、熱湯(分量外)を少し加えて木べらでまぜ、やわらかくする。
2. 耐熱ボウル(または耐熱容器)に上新粉、白玉粉を入れ、水を少しずつ加えて泡立て器で粒がなくなるまでよくまぜる(**B**)。
3. ラップフィルムをふんわりとかけて(または専用蓋をして)、電子レンジで4分加熱する。とり出して木べらでよくまぜる(**C**)。ムラなく熱を通すため、容器の中で生地を広げ(**D**)、再びラップフィルムをふんわりとかけて(または専用蓋をして)、さらにレンジで4分加熱する。
4. とり出してさらによくまぜてひとかたまりにし、ぬれぶきんにとり出す。ふきんで包み込み、なめらかになるまで折りたたむようにこねる(**E**)。
5. 手水をして生地を半分に分け、それぞれを10等分して丸める。
6. 5を2個ずつ串に刺し(**F**)、5本にしょうゆだれ、残りの5本にあんをのせる。

材料(2個つき串が各5本分)

上新粉 … 140g
白玉粉 … 60g
水 … 240ml
[しょうゆだれ]
　しょうゆ … 大さじ1
　砂糖 … 大さじ3
　片栗粉 … 大さじ1
　水 … 大さじ4
こしあん … 120g

道具

電子レンジ、耐熱ボウル(または電子レンジ用耐熱容器)、ラップフィルム、泡立て器、ゴムべら、木べら、7〜8cmの串10本、ふきん、はかり、計量カップ、計量スプーン

A　B　C
D　E　F

白玉ぜんざい

家庭科の授業で習った白玉も、電子レンジで。抹茶をまぜて作ると、大人っぽい味わいになります。それぞれ違ったあんをからめてどうぞ。

作り方

1. こしあん、粒あんはそれぞれボウルに入れて熱湯を加え、ゴムべらでまぜてやわらかくする（**A**）。
2. 白玉を作る。ボウルに白玉粉を入れ、水45mlを少しずつ加えながら、手でよくこねる（**B**）。耳たぶくらいのかたさになったら（**C**）、手でちぎって10等分して丸め、まん中を軽くへこませる（**D**）。
3. 耐熱ボウルに水200mlを入れ、ラップフィルムをかけずに電子レンジで2分加熱する。とり出して2を加え、ラップフィルムをかけずにさらにレンジで2分加熱する（**E**）。
4. 冷たい水を入れたボウルに3の白玉だけをとり出して冷ます（**F**）。
5. 抹茶白玉を作る。ボウルに白玉粉、抹茶を入れ、水45mlを少しずつ加えながら手でよくこねる。耳たぶくらいのかたさになったら、手でちぎって10等分して丸め、まん中を軽くへこませる。3、4と同様にして作る。
6. それぞれ5個ずつ皿に盛り、白玉には1のこしあん、抹茶白玉には1の粒あんをかける。

材料（白玉・抹茶白玉各2皿分）

[白玉]
　白玉粉 … 50g
　水（粉をこねる用）… 45ml
　水（電子レンジ加熱用）… 200ml

[抹茶白玉]
　白玉粉 … 50g
　水（粉をこねる用）… 45ml
　水（電子レンジ加熱用）… 200ml
　抹茶 … 小さじ½

こしあん … 150g
熱湯 … 大さじ2
粒あん … 150g
熱湯 … 大さじ2

道具

電子レンジ、ボウル、耐熱ボウル（または電子レンジ用耐熱容器）、ゴムべら、はかり、計量カップ、計量スプーン

A　B　C　D　E　F

column 1

計量について

　どの材料も、きちんとはからなければ失敗のもとになってしまいます。少量のものも正確に計量できるように、デジタル式のキッチンスケールがおすすめです。少しの差でも、味やでき上がりが変わってしまうことがあるので、ていねいに計量しましょう。計量カップは平らなところにおいてはかる、計量スプーンはすりきりにしてはかる、といった基本を忘れないように。

　また、液状のものはmlとgの両方の単位を使い分け(少しでも失敗を防ぐために)、作り方に合った表記をしています。gの場合は、少し手間はかかりますが、まずはスケールに器をのせて目盛りを0にセットしてから、材料をのせてはかりましょう。

2 章

型に流して
かためるお菓子

寒天を使って作る和菓子のほとんどは、
材料をまぜて加熱し、あとは型に流すだけ。
透明感のある涼しげな寒天菓子から、甘くとろけるようかんまで
これ以上ないくらい簡単に作れます。

2章 ｜ 型に流して　かためるお菓子

水ようかん

口に入れたとたん、ほろりとやわらかくくずれ、
甘みとともにふわっと桜の葉の香りが広がります。
電子レンジで加熱して、かためるだけの簡単レシピ。

2章 | 型に流して かためるお菓子

材料
（14×11×高さ4cmの流し型1個分）

こしあん … 300g
砂糖 … 50g
粉寒天 … 2g
水 … 250ml
桜の葉の塩漬け … 8枚

道具
電子レンジ、ボウル、耐熱ボウル（または電子レンジ用耐熱容器）、流し型（14×11×高さ4cm）、泡立て器、ゴムべら、包丁、まないた、ペーパータオル、はかり、計量カップ

1

ボウルに桜の葉と水適量（分量外）を入れ、15〜30分つけて塩抜きをする。

2

耐熱ボウルに水250mlと粉寒天を入れて泡立て器でまぜ、ラップフィルムをかけずに電子レンジで4分加熱し、沸騰させる。

5

冷めてとろみがついたら、流し型に流し入れる。

6

折りたたんだペーパータオルで表面の泡をふきとる。

3

とり出して砂糖を入れ、こしあんをひとつかみずつ分けて加え、泡立て器でなめらかになるまでよくまぜる。

4

耐熱ボウルの底をボウルに張った水につけ、ゴムべらでゆっくりまぜながらあら熱をとる。

7

そのまま室温で冷まし、かたまったら型から出して、包丁で8等分に切る。

8

1の桜の葉の水けをきり、表を上にして7をのせてくるむ。

フルーツ道明寺かん

透き通った寒天の中に、色とりどりのフルーツを閉じ込めました。見た目も味も、とてもすっきりしたお菓子です。

作り方

1. キウイは皮をむき、いちごはへたをとる。それぞれ6〜7mm角に切ってペーパータオルにのせ、水けをきる（A）。
2. 小さめの器に道明寺粉を入れ、熱湯を加えてスプーンなどでさっとまぜる（B）。
3. すぐにラップフィルムをかけて、そのまま10分ほど蒸らす。
4. 耐熱ボウルに水と粉寒天を入れて泡立て器でまぜ、ラップフィルムをかけずに電子レンジで7分加熱して、沸騰させて煮つめる（レンジ内を見ていて液がぶくぶくと沸騰してから1分ほどそのまま煮つめる）。とり出してよくまぜて粉寒天をとかし、砂糖を加えてさらにまぜる（C）。ラップフィルムをかけずに、さらにレンジで2分加熱する。
5. 耐熱ボウルの底をボウルに張った水につけ、ゴムべらでゆっくりまぜながらあら熱をとる（D）。冷めてとろみがついたら3を加え、全体に散らしながらまぜる（E）。
6. 1とブルーベリーを加えてまぜ、レードルで器2個に分け入れる（F）。
7. そのまますぐ冷蔵庫に入れて冷まし、かたまったらボウルから出して8等分に切る。冷蔵庫でさらに冷やすとおいしい。

材料
（直径13cmほどの器2個分）

- キウイ … 1/3個
- いちご … 2個
- ブルーベリー … 30g
- 道明寺粉 … 30g
- 熱湯 … 45ml
- 粉寒天 … 4g
- 水 … 400ml
- 砂糖 … 160g

道具

電子レンジ、ボウル、直径約13cmの器、耐熱ボウル（または電子レンジ用耐熱容器）、ラップフィルム、泡立て器、ゴムべら、包丁、まないた、小さめの器、器、レードル、ペーパータオル、はかり、計量カップ、スプーン

はしﾞｾ

錦玉かん

梅酒かん
赤ワインかん

梅の香りと味を楽しむ梅酒かんと、きれいな深い色が目をひく赤ワインかん。暑い日でもするりと食べられるさわやかさです。

作り方
[梅酒かん]
1. 梅は種をとり除き、あらみじんに切る（**A**）。
2. 耐熱ボウルに粉寒天と水を入れて泡立て器でまぜ（**B**）、ラップフィルムをかけずに電子レンジで5分加熱し、沸騰させて煮つめる（レンジ内を見ていて液がぶくぶくと沸騰してから1分ほどそのまま煮つめる）。とり出してよくまぜて粉寒天をとかし、グラニュー糖を加えてさらにまぜる。ラップフィルムをかけずにさらにレンジで3分加熱する。
3. 2に1と梅酒を加えてまぜ、耐熱ボウルの底をボウルに張った水につけ、ゴムべらでゆっくりまぜながらあら熱をとる（**C**）。冷めてとろみがついたら、流し型に流し入れる（**D**）。
4. そのまますぐ冷蔵庫に入れて冷まし、かたまったら型から出して8等分に切る。冷蔵庫でさらに冷やすとおいしい。

[赤ワインかん]
梅酒かんの作り方を参照し、梅の実を入れず、梅酒のかわりに赤ワインを入れて同様に作る。梅型などで抜いてもよい。

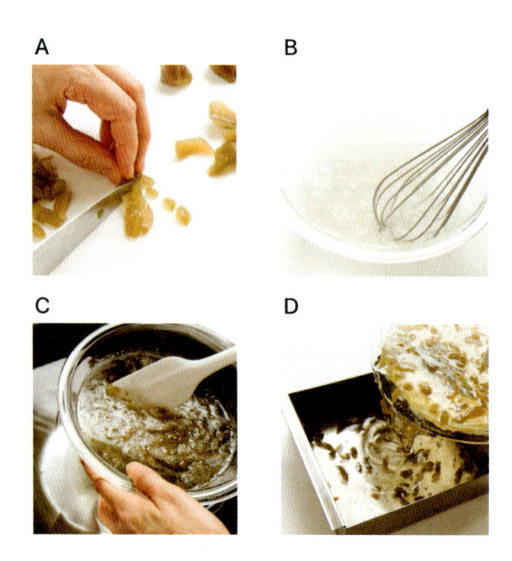

材料
（14×11×高さ4cmの流し型各1個分）

[梅酒かん]
- 梅酒の梅 … 2〜3個
- 粉寒天 … 4g
- 水 … 300ml
- グラニュー糖 … 300g
- 梅酒 … 100ml

[赤ワインかん]
- 粉寒天 … 4g
- 水 … 300ml
- グラニュー糖 … 300g
- 赤ワイン … 100ml

道具
電子レンジ、ボウル、耐熱ボウル（または電子レンジ用耐熱容器）、流し型(14×11×高さ4cm)、泡立て器、ゴムべら、包丁、まないた、はかり、計量カップ

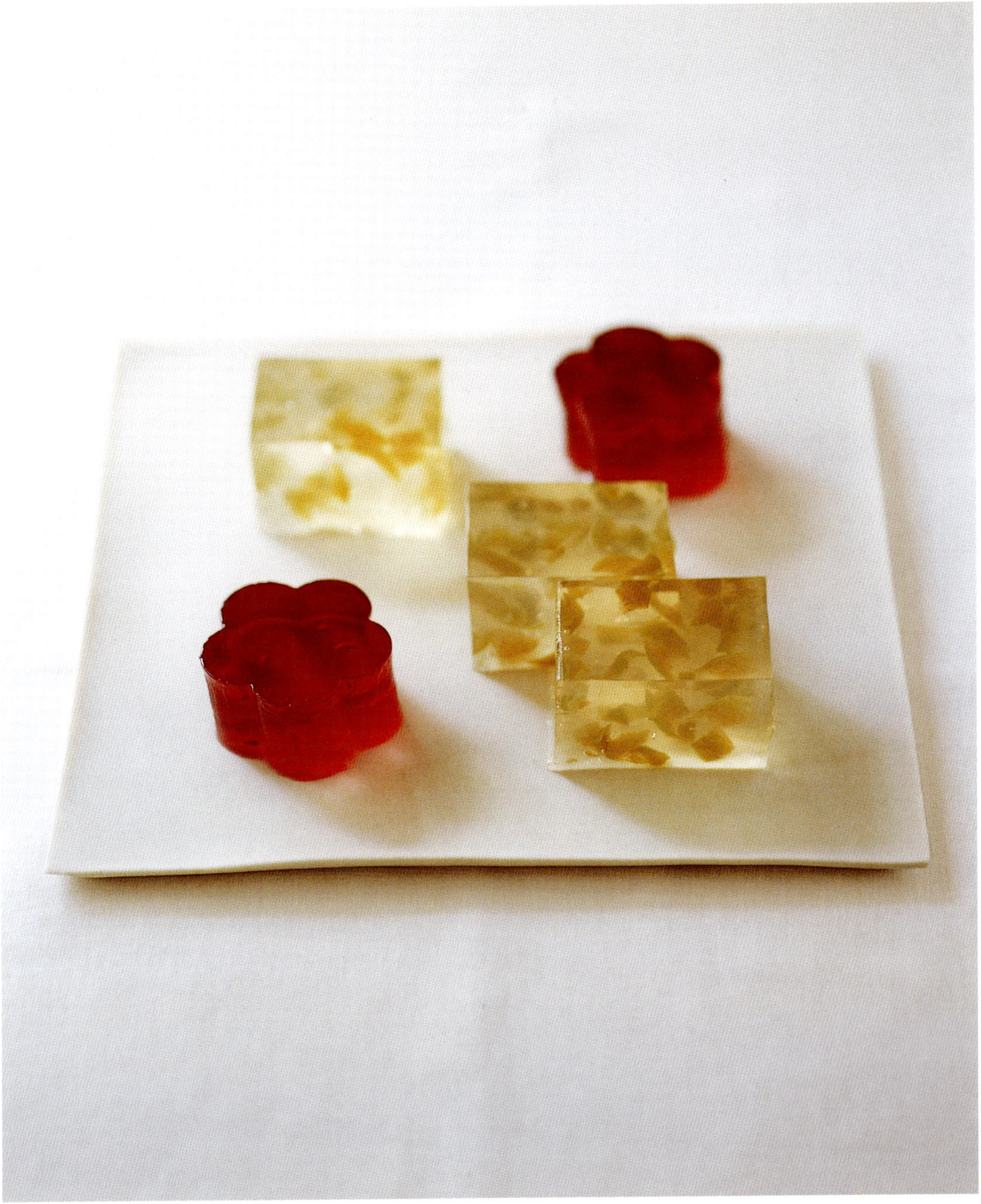

葛ようかん

もっちりと弾力のある葛に、こっくりとした甘さの黒砂糖がよく合います。きな粉をかけても、おいしいです。

作り方

1. ボウルに葛粉、黒砂糖、水を入れ、泡立て器でよくまぜる（**A**）。
2. ストレーナーに通して片手なべにこし入れる（**B**）。
3. 中火にかけ、木べらでなべ底をこするようにしながらよくまぜる（**C**）。のり状になったら、さらにつやが出るまでねる（**D**）。
4. 流し型に流し入れる。ラップフィルムをかけ、表面を手でならして平らにする（**E**）。そのまま室温で冷まし、かたまったら型から出して、水にぬらした包丁で8等分に切る。

材料
（14×11×高さ4cmの流し型1個分）

葛粉 … 80g

黒砂糖 … 130g

水 … 350ml

道具
ボウル、ラップフィルム、流し型（14×11×高さ4cm）、片手なべ、泡立て器、木べら、包丁、まないた、ストレーナー、はかり、計量カップ

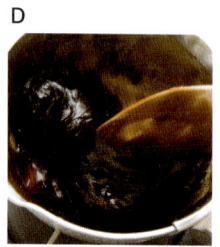

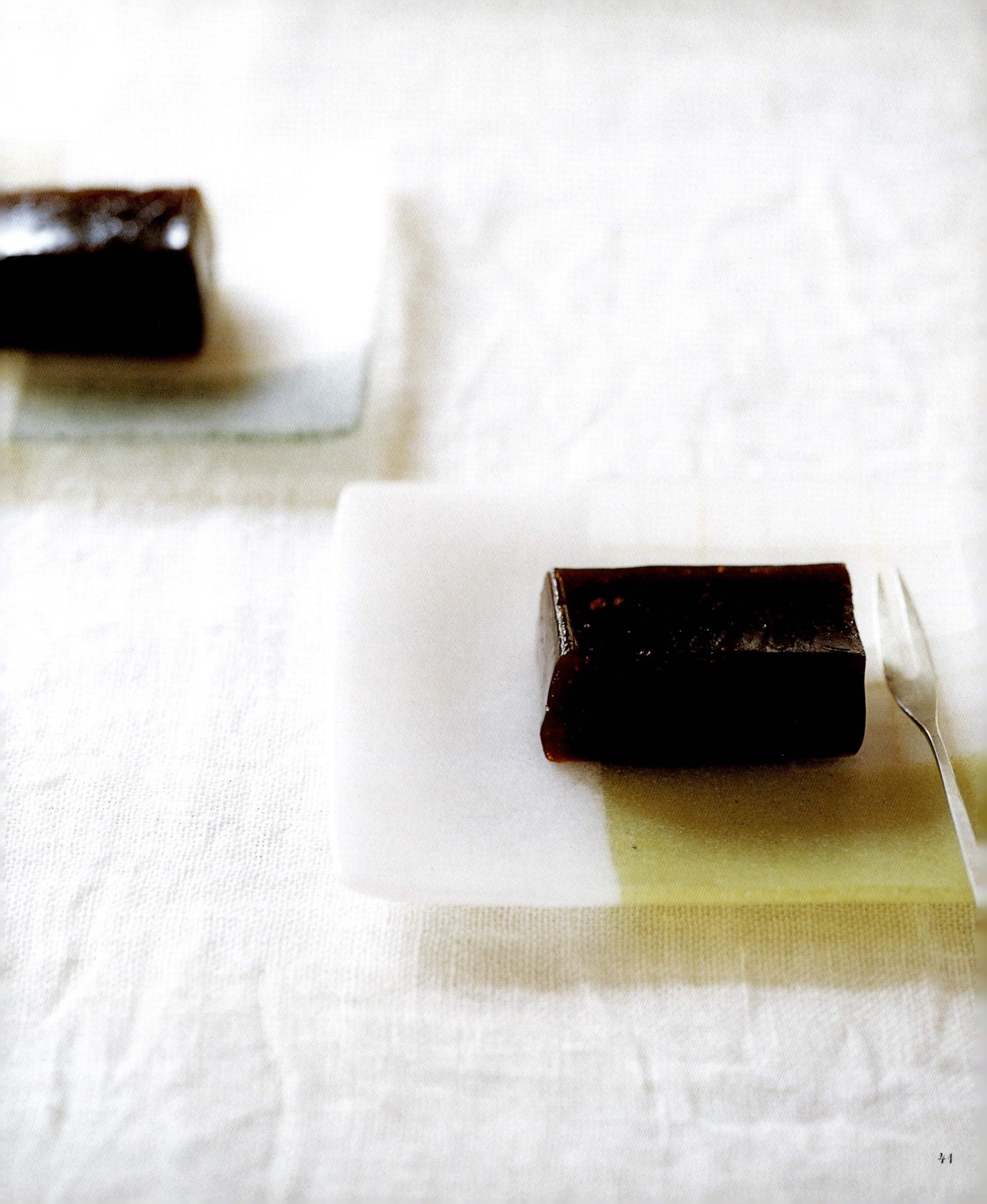

2章 | 型に流して かためるお菓子

オレンジ泡雪かん

色があざやかなオレンジの皮を器に。口に入れるとすぐとけてしまう泡雪かんは、オレンジの風味たっぷりの仕上がりです。

作り方

下準備 オレンジは縦半分に切り、スプーンなどで果肉をボウルにとり出す（A）。果肉50gをとり分けておく。皮は器として使うので、カップなどに入れて安定させる（B）。

1. 耐熱ボウルに水と粉寒天を入れて泡立て器でよくまぜ（C）、ラップフィルムをかけずに電子レンジで3分加熱する。とり出してグラニュー糖を加えてまぜ、ラップフィルムをかけずにさらにレンジで1分加熱する。
2. 別のボウルに卵白を入れ、泡立て器で角が立つまでよく泡立てる（D）。1を少しずつ加えながらさらに泡立てる（E）。
3. レモン汁とオレンジの果肉を加え、レードルで手早くオレンジの皮の中に分け入れる（F）。
4. そのまますぐ冷蔵庫に入れて冷まし、かたまったら皮ごと3等分に包丁で切る。冷蔵庫でさらに冷やすとおいしい。

材料（12個分）

オレンジ … 2個（果肉50g）
粉寒天 … 2g
水 … 150mℓ
グラニュー糖 … 100g
卵白 … 15g
レモン汁 … 大さじ1

道具

電子レンジ、ボウル2個、耐熱ボウル（または電子レンジ用耐熱容器）、泡立て器、包丁、まないた、レードル、カップ、はかり、計量カップ、計量スプーン、スプーン

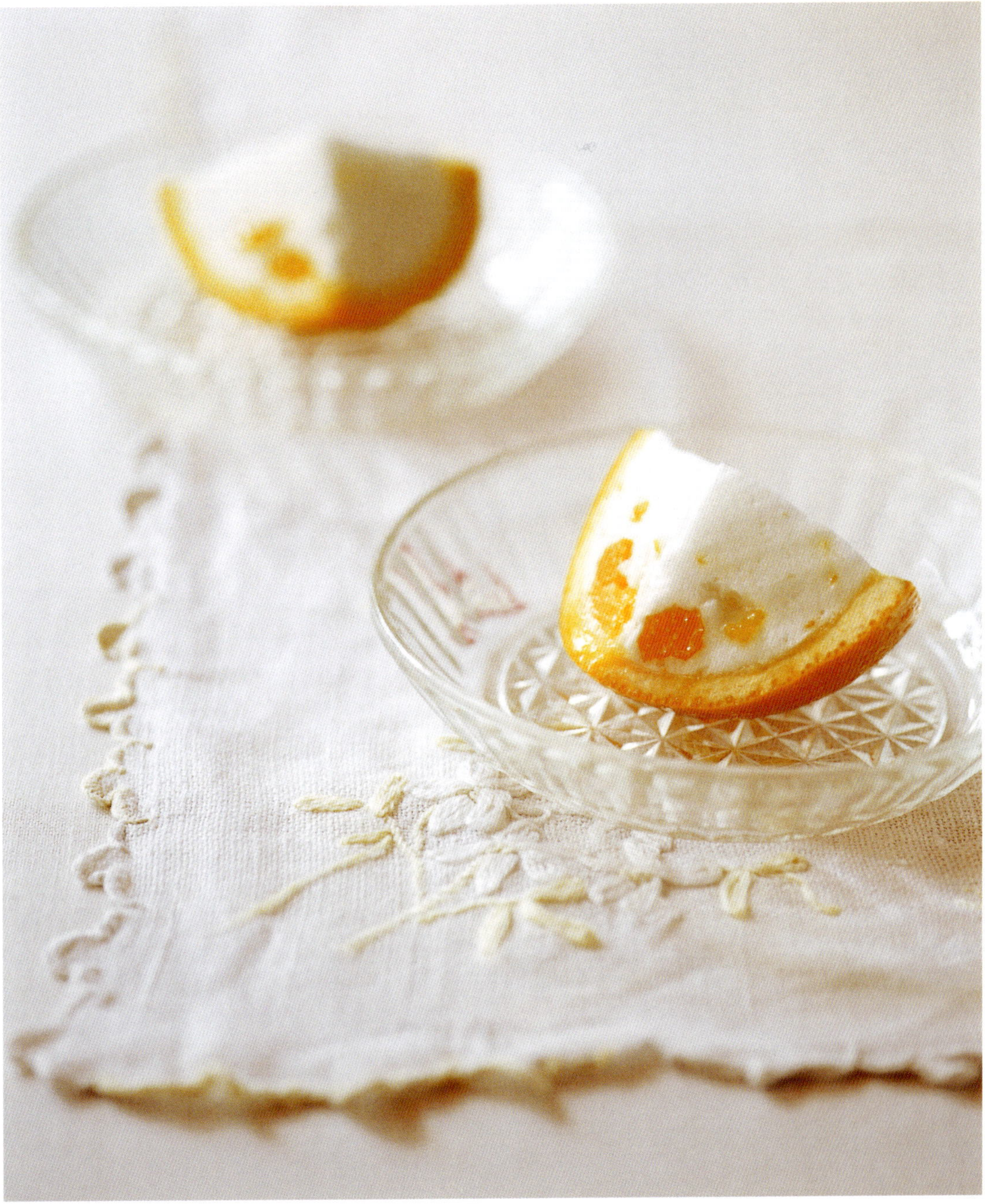

簡単ういろう

小麦粉と砂糖だけのシンプルなういろう。電子レンジで加熱すると沸騰するので、あふれないように深めの容器を使いましょう。

作り方

[ピンクのういろう]

下準備　色粉を菜箸の先でとって小皿に入れ（A）、水1～2滴（分量外）でとく。

1. ボウルに小麦粉、砂糖を入れ、水を少しずつ加えて泡立て器でまぜる（B）。水にといた色粉を少しずつ加えてピンクに着色する（C）。
2. ストレーナーに通して耐熱容器にこし入れる（D）。
3. ラップフィルムをふんわりとかけ、蒸気が逃げるように一部にすきまをあけて、電子レンジで5分加熱する。
4. そのまま室温で完全に冷ます。容器の縁に包丁を入れて生地をはがし、手水をしてとり出す（E）。水にぬらした包丁で三角形に切る（F）。

[白いういろう]

ピンクのういろうの作り方を参照し、色粉を入れずに作る。

材料（16×12×厚さ1.5cm各1枚分）

[ピンクのういろう]
- 小麦粉 … 60g
- 砂糖 … 60g
- 水 … 200ml
- 赤の色粉 … 少々

[白いういろう]
- 小麦粉 … 60g
- 砂糖 … 60g
- 水 … 200ml

道具

電子レンジ、耐熱容器（12×16×高さ10cm）、ボウル、ラップフィルム、泡立て器、包丁、まないた、ストレーナー、小皿、菜箸、はかり、計量カップ

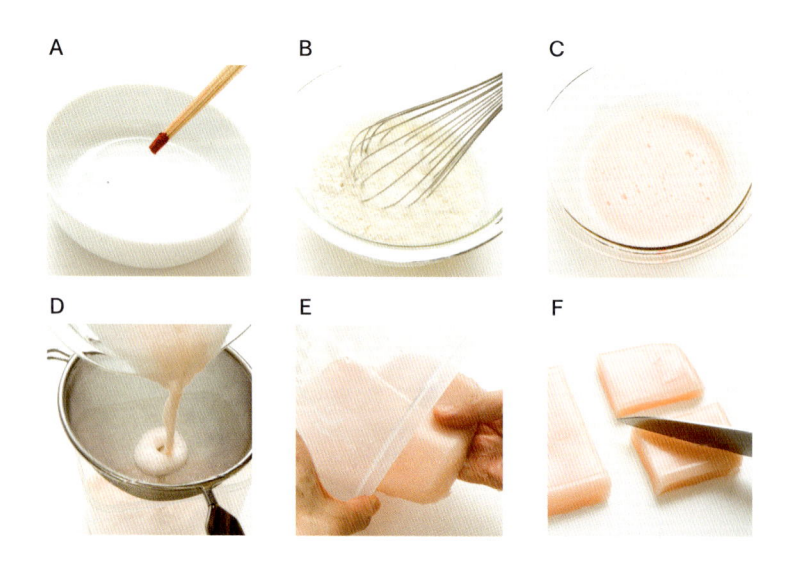

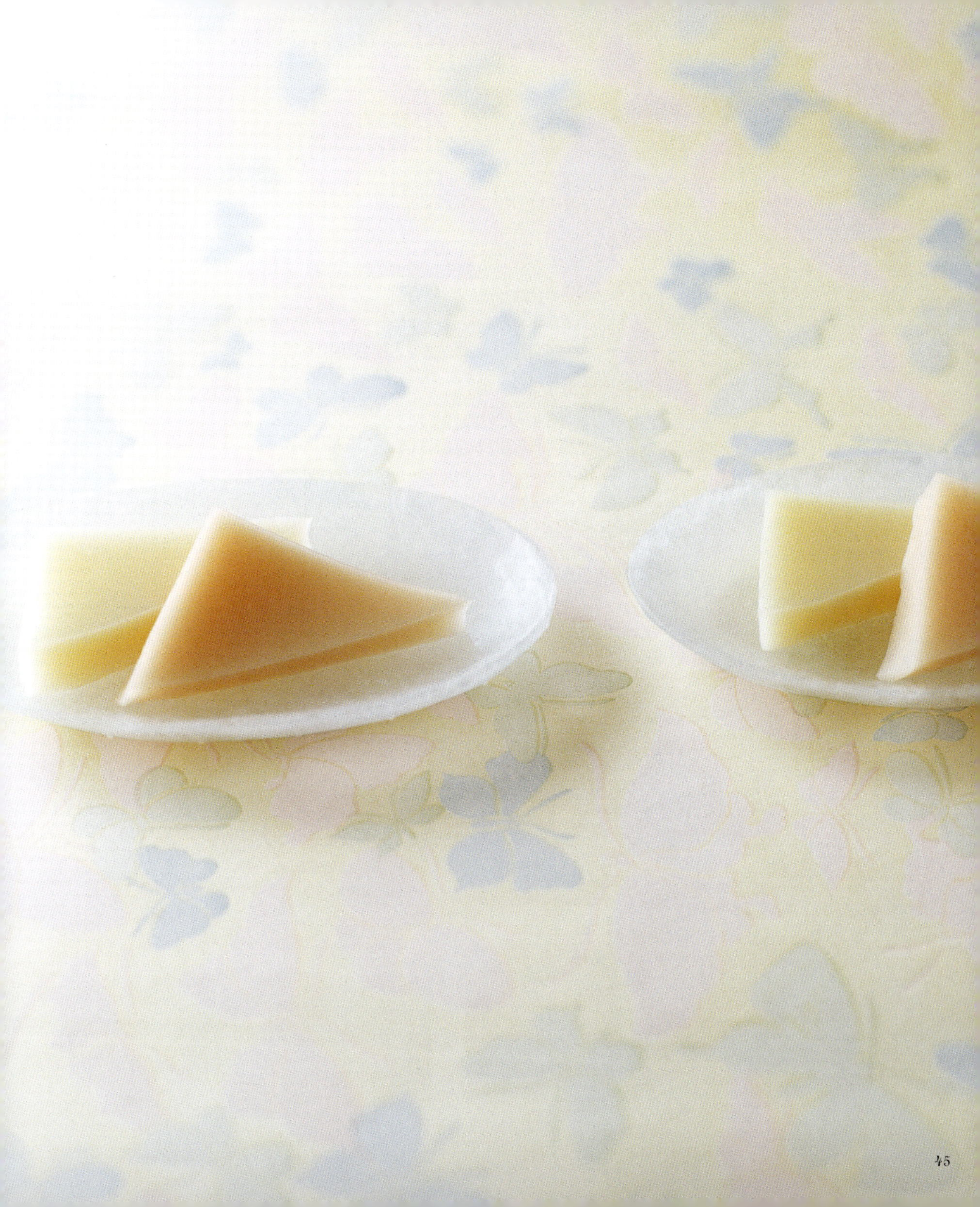

2章 | 型に流して かためるお菓子

おいものあん玉

つるんとした表面に、ほくほく生地。さつまいもの香りが口の中でぱっと広がります。シナモン、抹茶との3色で落ち着いた印象に。

作り方

1. さつまいもは輪切りにし、ボウルにさつまいもと水適量(分量外)を入れ、10分くらい水につけてアクを抜く(**A**)。
2. 水けをさっときり、耐熱ボウルに入れてラップフィルムをふんわりとかけ、蒸気が逃げるように一部にすきまをあけて、電子レンジで3分加熱する。
3. 2を裏ごしして(**B**)、砂糖、塩、牛乳(または水)を加えてよくまぜ、3等分する。
4. 3の生地の1つにシナモン、別の1つに抹茶をまぜ(**C**)、残りはそのままの生地でそれぞれ4等分して丸める。
5. つや寒天を作る。片手なべに水を入れ、粉寒天を振り入れて沸騰させて煮とかし、砂糖も加えて再び沸騰させてとかす。片手なべの底をボウルに張った水につけ、木べらでゆっくりまぜながらあら熱をとる(**D**)。
6. 4のあん玉をスプーンにのせ、5の寒天液を全体にかけて(**E**)、皿におく。さらに上に寒天液を1〜2回かける(**F**)。途中でなべの中の寒天液がかたまったら、再び火にかけてとかして使う。かたまったら、あん玉のまわりの寒天を包丁でまるく切りとる。

材料（12個分）

さつまいも（皮をむいて）… 150g
砂糖 … 20g
塩 … 少々
牛乳（または水）… 大さじ2
[つや寒天]
　粉寒天 … 1g
　水 … 100mℓ
　砂糖 … 70g
シナモン … 小さじ½
抹茶 … 小さじ½

道具

電子レンジ、ボウル、耐熱ボウル（または電子レンジ用耐熱容器）、ラップフィルム、片手なべ、裏ごし器、木べら、包丁、まないた、皿、はかり、計量カップ、計量スプーン、スプーン

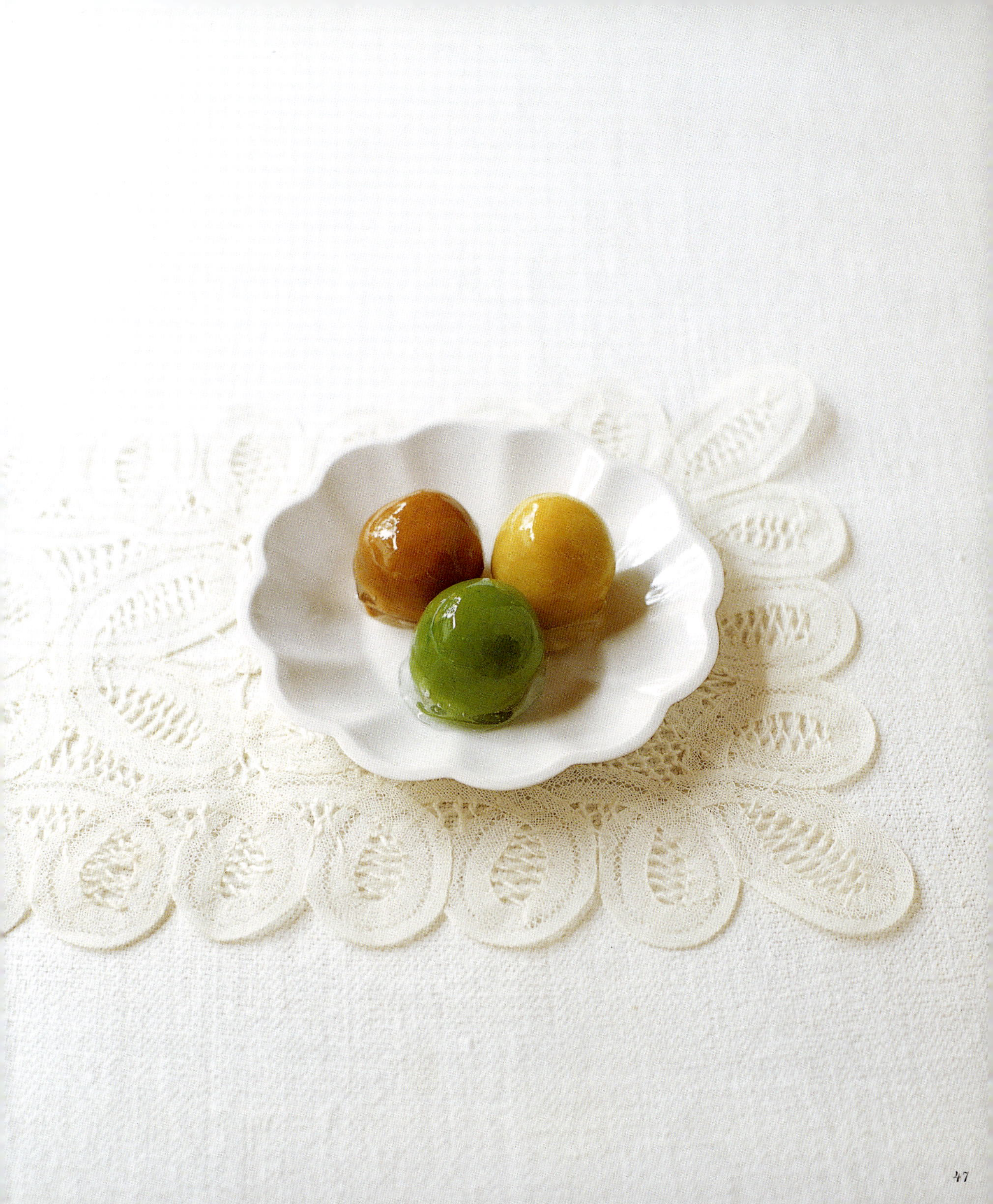

2章 | 型に流して かためるお菓子

栗ようかん

表面だけでなく、中にもごろごろと栗がたっぷり。水あめを加えているので、ねりようかんのようなコクと粘りが楽しめます。

作り方

1. 栗はシロップからとり出し、ペーパータオルなどで水けをふきとる。4等分に切り（**A**）、飾り用の栗9個を分けておく。
2. 耐熱ボウルに粉寒天と水を入れて泡立て器でまぜ、ラップフィルムをかけずに電子レンジで5分加熱する。とり出してこしあん、グラニュー糖、水あめを加えて泡立て器でまぜ、ラップフィルムをかけずにさらにレンジで4分加熱して沸騰させる。再度とり出してまぜ（**B**）、ラップフィルムをかけずにさらにレンジで4分加熱して煮つめる。
3. とり出してゴムべらでさっとまぜる。耐熱ボウルの底をボウルに張った水につけ、ゴムべらでゆっくりまぜながらあら熱をとる（**C**）。
4. 飾り用以外の栗をすべて入れ、流し型に流し入れる（**D**）。飾り用の栗を入れて半分ほど沈める（**E**）。
5. そのまま室温で冷まし、かたまったら型から出して9等分に切る。

材料
（14×11×高さ4cmの流し型1個分）

栗の甘露煮 … 7〜8個
粉寒天 … 4g
水 … 250ml
こしあん … 250g
グラニュー糖 … 100g
水あめ … 50g

道具
電子レンジ、ボウル、耐熱ボウル（または電子レンジ用耐熱容器）、流し型（14×11×高さ4cm）、泡立て器、ゴムべら、包丁、まないた、ペーパータオル、はかり、計量カップ

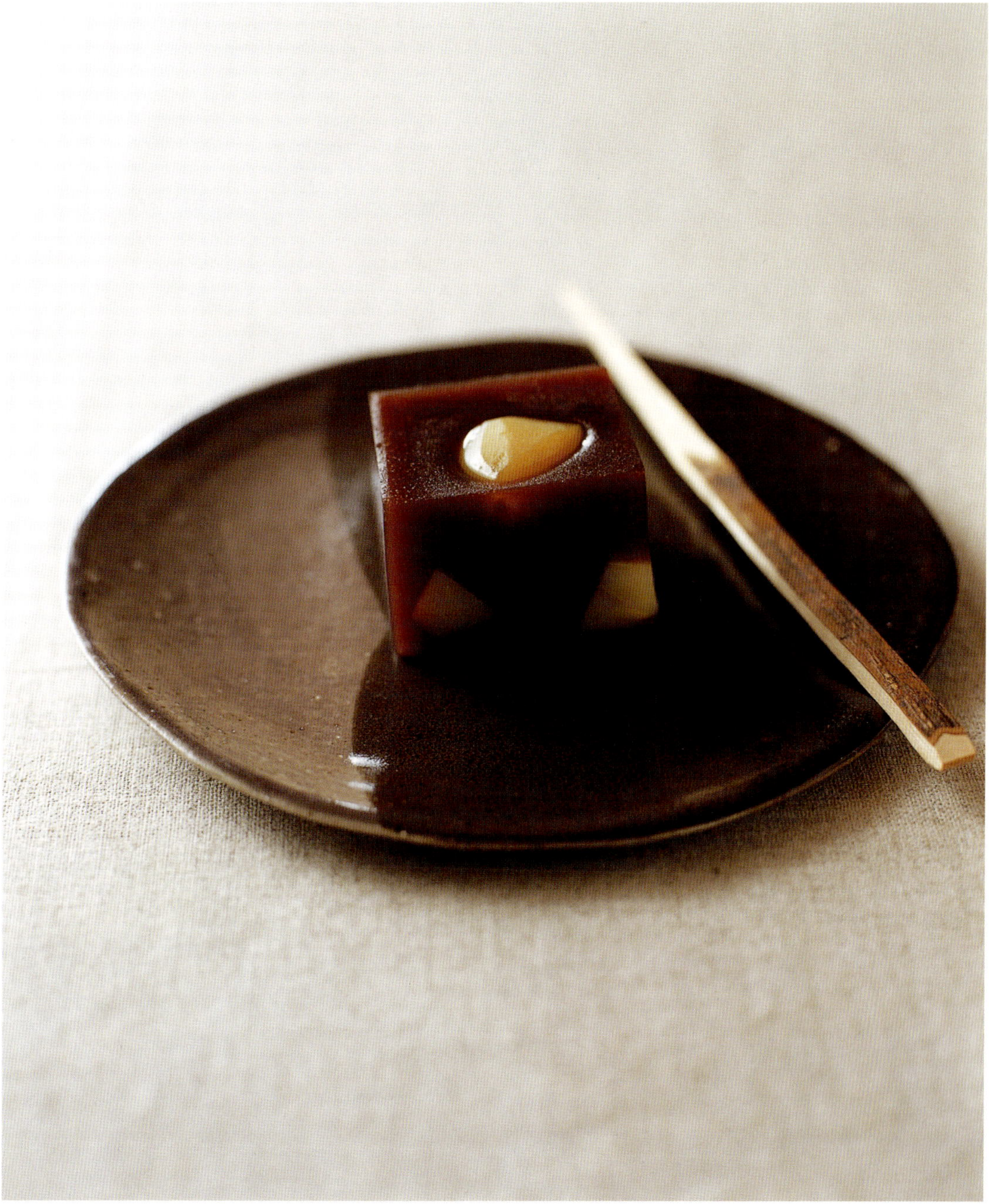

column 2

火かげんについて

　この本で紹介している和菓子は、電子レンジやフライパン、蒸し器やなべと、加熱する工程があるもののレシピがほとんどです。
　電子レンジの加熱時間は600Wのタイプを基準にしています。500Wの場合は、加熱時間を1.2倍にしてください。加熱している間はときどき庫内を見て、状態を確認するようにしましょう。
　フライパンやなべでは、弱火や中火と表記していますが、ガス台によって火力には微妙な差があります。焼き時間はあくまで目安と考えてください。作業中に焼き色を見たり、生地のねりぐあいなどをきちんと確認したりしながら、仕上げるようにしましょう。

3章

フライパンで
焼き菓子

特別な焼き型を使わずに、
フライパンさえあれば作れる焼き菓子はたくさん。
口に入れたとたんにふんわり広がる香ばしさと
甘いあんの組み合わせに、思わず笑みがこぼれます。

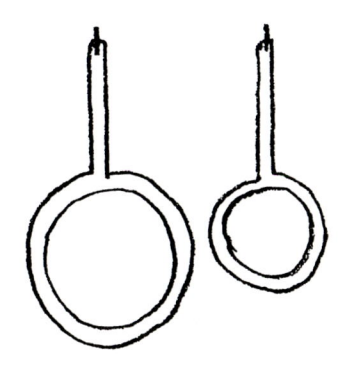

3章 | フライパンで 焼き菓子

どら焼き

かわいらしい小さめのサイズに焼き上げました。
生地を焼くたびに、フライパンに油を薄く塗れば
ムラなく、きれいな焼き色をつけることができます。

3章 ｜ フライパンで 焼き菓子

材料（8個分）
[あん]
　粉寒天 … 1g
　水 … 70㎖
　グラニュー糖 … 15g
　粒あん … 160g
[皮]
　とき卵 … 75g（約大1.5個分）
　砂糖 … 75g
　水あめ … 大さじ½
　重曹 … 小さじ¼
　水 … 60㎖
　小麦粉 … 90g
サラダ油 … 少々

道具
ボウル、フライパン、フライ返し、片手なべ、泡立て器、ゴムべら、木べら、ストレーナー、網、レードル、ふきん、ペーパータオル、はかり、計量カップ、計量スプーン

下準備

重曹を水小さじ1（分量外）でとく。

1

あんを作る。片手なべに水と粉寒天を入れてまぜ、中火にかけて沸騰させ、よくとかす。

5

4に残りの水を少しずつ加えてゴムべらでまぜ、流れるくらいのかたさにする。

6

フライパンを弱火にかけ、サラダ油をしみ込ませたペーパータオルで油を薄く塗る。レードルに生地を大さじ2弱入れ、フライパンに直径8〜9㎝の大きさにまるく流す。

2

一度火を止めて、グラニュー糖、粒あんを加える。再び中火にかけて木べらでよくまぜる。あたたまったら火からおろし、そのまま室温で冷ます。

3

皮を作る。ボウルにとき卵と砂糖、水あめを入れ、泡立て器で六分立てくらい(泡立て器から生地がとろりと落ちるくらい)に泡立てる。

4

水にといた重曹と水60mlの半分を加え、小麦粉をストレーナーに通してふるい入れ、泡立て器でまぜる。かたくしぼったふきんをかけ、20分休ませる。

7

表面が乾きかけてぷつぷつと穴があいたら、フライ返しで返してさっと焼く。

8

焼き色のついた面を上にして網にのせ、かたくしぼったふきんをかけて乾かないようにして冷ます。同様に、残りの生地を焼く。

9

2のあんを8等分し、皮1枚にゴムべらであんを広げ、別の皮1枚ではさむ。残りも同様に作る。皮は翌日のほうがしっとりしておいしい。

55

つやぶくさ

焼くときにできる気泡を、生地にいかしたお菓子。ラップフィルムで包んで茶きんしぼりにすることで生地がしっとりし、あんにもなじみます。

作り方

下準備 色粉を菜箸の先でとって小皿に入れ（**A**）、水1〜2滴（分量外）でとく。重曹を水小さじ1（分量外）でとく。

1. こしあんは10等分して丸める。
2. ボウルに小麦粉、砂糖、ぬるま湯を入れ、泡立て器でよくまぜて粘りを出す（**B**）。
3. 別のボウルにとき卵を泡立てて2に加え、水でといた色粉を少しずつ加えてまぜ、淡い緑色に着色する（**C**）。なめらかになるまで泡立て器でまぜたら、水でといた重曹を加えてさらにまぜる。
4. フライパンを弱火にかけ、サラダ油をしみ込ませたペーパータオルなどで油を薄く塗る。レードルに生地を大さじ2弱入れ、フライパンに直径8㎝ほどの大きさにまるく流す（**D**）。蓋をして1分ほど蒸らす。
5. 蓋をとり、表面がぷつぷつしてきたら、表面をペーパータオルなどで軽く押さえてベタつきをとる（**E**）。ぷつぷつの面を上にしてフライ返しで網にとり出す。（ぬらしていない）ふきんをかけて冷ます。同様に、残りの生地を焼く。
6. 生地がしっとりしたら、広げたラップフィルムの上にぷつぷつした面を下にしておく。1のあんをのせ、茶きんしぼりのようにラップフィルムごと軽くしぼるようにしてあんを包む（**F**）。

材料（10個分）

こしあん … 150g
小麦粉 … 40g
砂糖 … 40g
ぬるま湯（40度くらい）… 30㎖
とき卵 … 25g
重曹 … 小さじ1/8
緑の色粉 … 少々
サラダ油 … 少々

道具

ボウル、蓋、ラップフィルム、フライパン、泡立て器、網、皿、レードル、菜箸、ふきん、ペーパータオル、はかり、計量カップ、計量スプーン

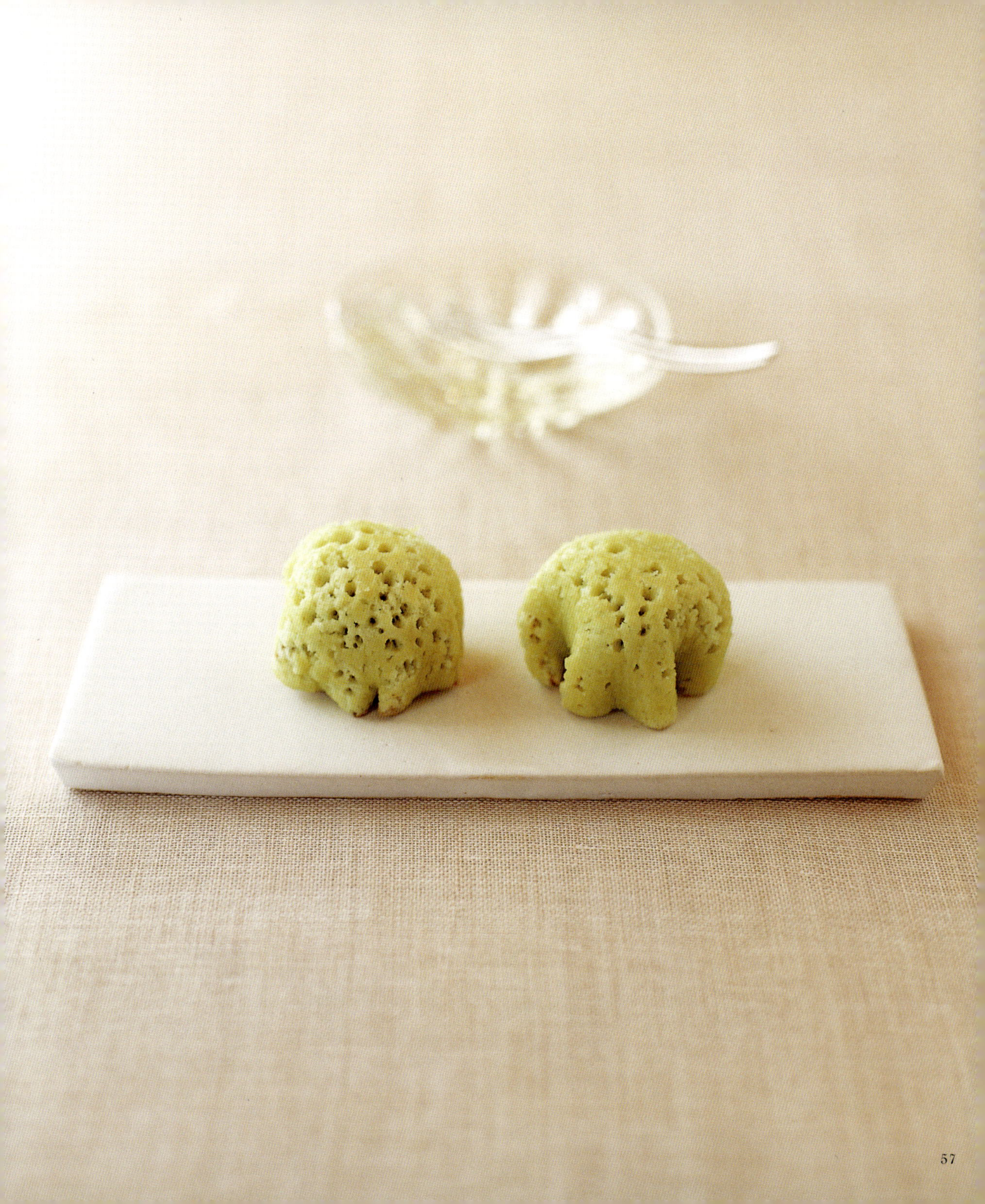

きんつば

かためたあんに、衣をつけて焼き上げるきんつば。すべてをいっぺんに焼くと、焦げたりはがれたりと失敗のもと。ひとつずつ、一面ずつ、じっくりと焼きましょう。

作り方

1. あんを作る。片手なべに水と粉寒天を入れて木べらでまぜ、中火にかけて沸騰させる。
2. グラニュー糖、塩を加え、木べらでまぜてとかし、粒あんを加えてさらにまぜる（A）。
3. なめらかになったら火を止め、流し型に流す（B）。そのまま室温で冷ます。
4. 衣を作る。ボウルに白玉粉を入れ、衣用の水のうちの45mlを少しずつ入れて泡立て器でなめらかになるまでまぜ、白玉粉をしっかりとかす。
5. 砂糖と卵白を加えて泡立て器でよくまぜ、小麦粉をストレーナーに通してふるい入れる（C）。残りの水を少しずつ加えて泡立て器でまぜる。かたくしぼったふきんをかけて20分休ませる。
6. 3のあんがかたまったら、型からとり出し、12等分に包丁で切る（D）。
7. フライパンを弱火にかけ、サラダ油をしみ込ませたペーパータオルで油を薄く塗る。あんの広い面に5の衣をつけて（E）フライパンにおき、衣が乾いてフライパンからはがれる程度（加熱時間の目安は15秒ほど）に焼く。つづいて反対側、側面の順に一面ずつ衣をつけて全面を焼く（F）。同様に、残り11個を焼く。

材料（12個分）

[あん]
- 粒あん … 500g
- 粉寒天 … 4g
- 水 … 200ml
- グラニュー糖 … 30g
- 塩 … 少々

[衣]
- 白玉粉 … 5g
- 水 … 70ml
- 砂糖 … 大さじ1
- 卵白 … 15g
- 小麦粉 … 50g
- サラダ油 … 少々

道具

ボウル、流し型（14×11×高さ4cm）、フライパン、片手なべ、泡立て器、木べら、包丁、まないた、ストレーナー、ふきん、ペーパータオル、はかり、計量カップ、計量スプーン

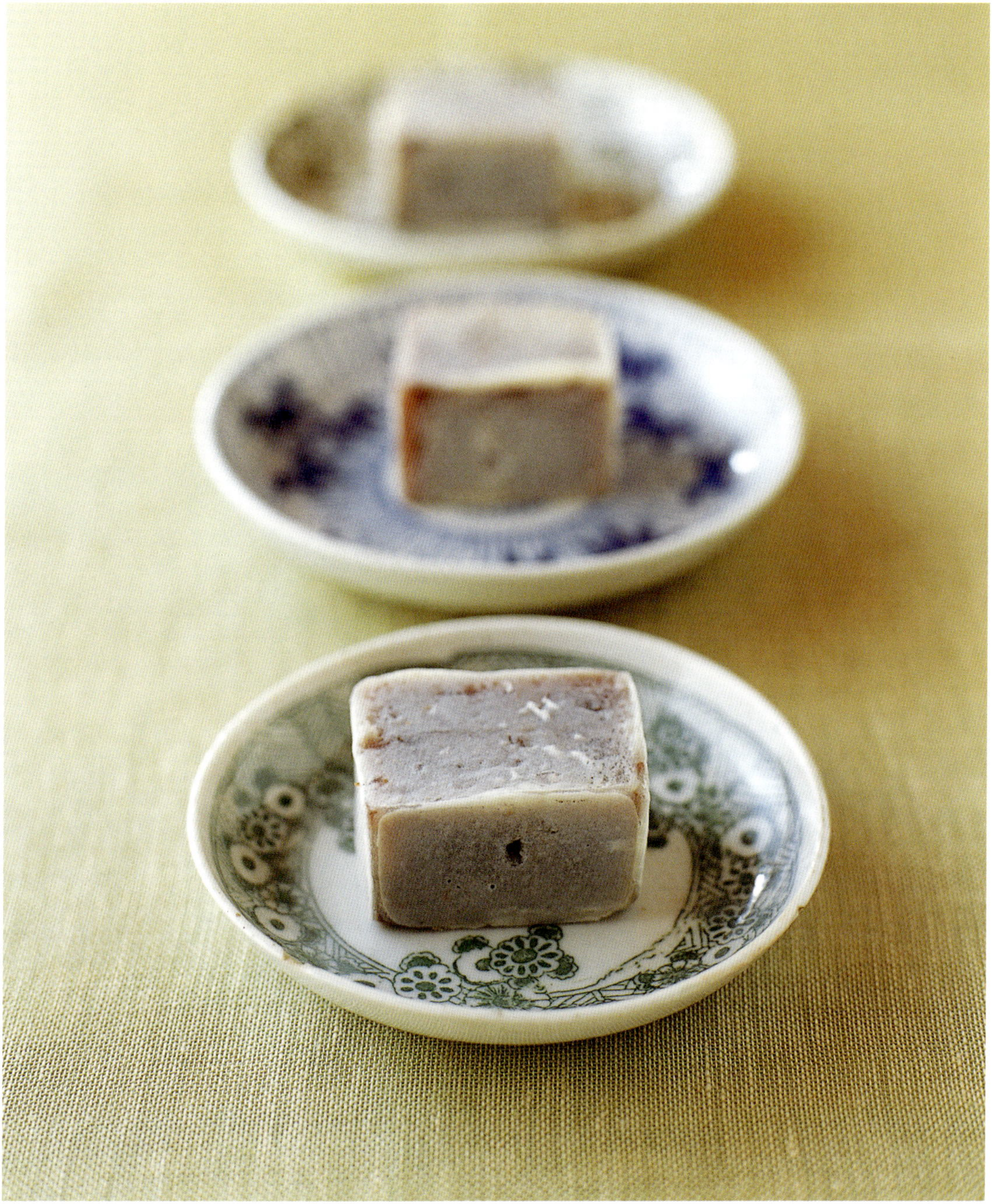

鮎菓子

尾をちょっとつまんで、目とひれを焼きつければ立派な鮎のでき上がり。中身はふるふるのぎゅうひで、目にも口にも楽しいお菓子です。

材料（9個分）

[ぎゅうひ]
- 白玉粉 … 30g
- 水 … 50ml
- 砂糖 … 50g

片栗粉（手粉）… ½カップ

[皮]
- とき卵 … 1個分
- 砂糖 … 50g
- はちみつ … 小さじ1
- みりん … 小さじ1
- 小麦粉 … 50g
- 水 … 30ml

サラダ油 … 少々

道具

電子レンジ、ボウル、耐熱ボウル（または電子レンジ用耐熱容器）、ラップフィルム、フライパン、フライ返し、泡立て器、木べら、包丁、まないた、ストレーナー、皿、レードル、金串、ふきん、ペーパータオル、はかり、計量カップ、計量スプーン

作り方

下準備　皿に片栗粉を振る。

1. ぎゅうひを作る。耐熱ボウルに白玉粉を入れ、水を少しずつ加えて（A）泡立て器でなめらかになるまでまぜ、白玉粉をしっかりとかす。砂糖を加えてさらにまぜる。ラップフィルムをふんわりとかけ、蒸気が逃げるように一部にすきまをあけて、電子レンジで2分加熱する。

2. とり出して木べらでねり、ひとかたまりにして片栗粉を振った皿にとり出す。片栗粉を振って5×9cmの長方形にととのえ、室温で冷ます。

3. 冷めたら片栗粉を振ったまないたに移し、包丁にも片栗粉をまぶしながら、1cm幅で9本に切り分ける（B）。

4. 皮を作る。ボウルにとき卵と砂糖を入れて泡立て器でよくまぜ、はちみつ、みりんを加えてさらにまぜる。小麦粉をストレーナーに通してふるい入れ、泡立て器でさっくりとまぜる。かたくしぼったふきんをかけて30分休ませる。

5. 4に水を少しずつ加えて泡立て器でまぜ、やわらかめの生地を作る。

6. フライパンを弱火〜中火にかけ、サラダ油をしみ込ませたペーパータオルで油を薄く塗る。レードルに生地を大さじ2弱入れてフライパンに流し、レードルの底で6×12cmほどの楕円形にのばす（C）。

7. 表面が乾きかけてぷつぷつと穴があき、裏に焼き色がついたらフライ返しで返す。さっと焼き、再び返して3のぎゅうひをのせる。生地をふたつに折ってぎゅうひをはさむ（D）。

8. 熱いうちに閉じ目を押さえ、片端を折り込んで尾の部分を作る（E）。同様に残り8個を作る。金串を赤くなるまで火であぶり、目やひれ、尾の模様を焼きつける（F）。

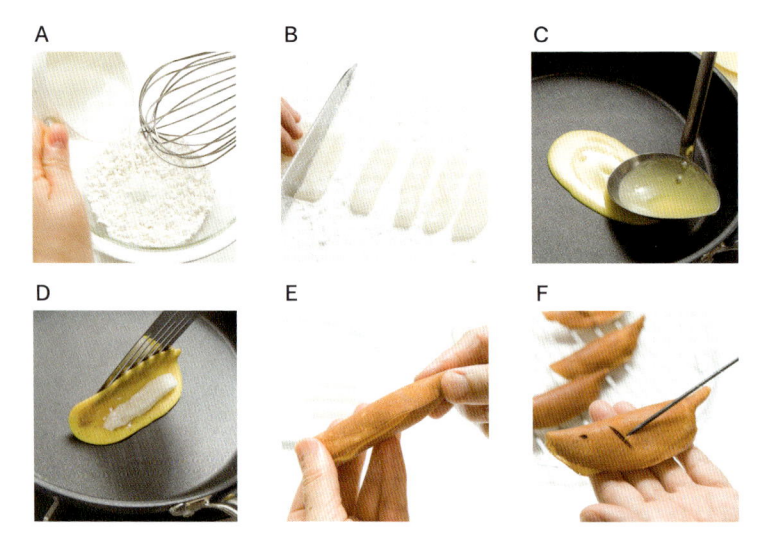

61

3章 ｜ フライパンで 焼き菓子

和風クレープ

あんが巻かれているだけかと思いきや、甘みのなかに、ほんのり塩けと酸味がきいた、梅じそも。上品な味のクレープです。

作り方
1. こしあんは8等分して、4〜5cm長さの棒状に形をととのえる(A)。
2. ボウルに白玉粉を入れ、水を少しずつ加えて泡立て器でなめらかになるまでまぜ(B)、白玉粉をしっかりとかす。砂糖を加えてさらにまぜ、小麦粉をストレーナーに通してふるい入れ、全体を泡立て器でよくまぜる。
3. フライパンを弱火〜中火にかけ、サラダ油をしみ込ませたペーパータオルで油を薄く塗る。レードルに生地を大さじ2弱入れてフライパンに流し、レードルの底で直径10cmほどの円形にのばす(C)。
4. 焼き色がつかないよう裏を確認しながら焼き、表面が乾いたらフライ返しで返してさっと焼き、網にとり出す。
5. 生地が冷めたら1のあんと梅じそをのせ(D)、端から巻く(E)。まん中にゆかりをかける。

材料（8個分）
こしあん … 120g
[皮]
　小麦粉 … 50g
　白玉粉 … 15g
　砂糖 … 25g
　水 … 130ml
梅じそ … 8枚
ゆかり … 少々
サラダ油 … 少々

道具
ボウル、フライパン、フライ返し、泡立て器、ストレーナー、網、皿、レードル、ペーパータオル、はかり、計量カップ

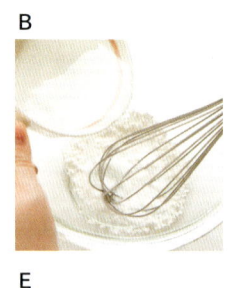

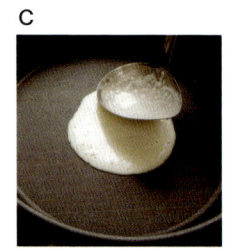

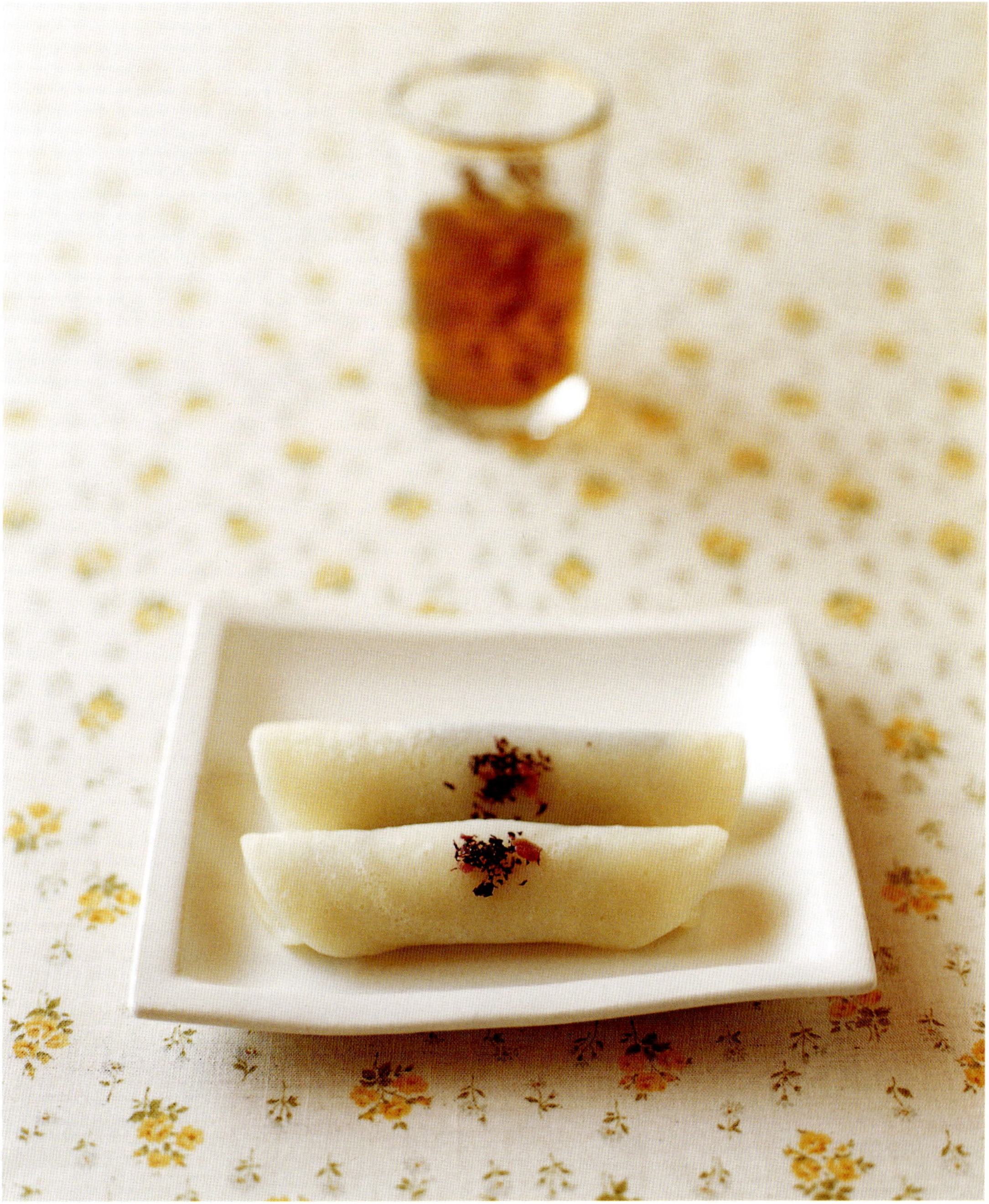

茶通

生地を焼きつけるだけでなく、あんにはいりごま、生地には抹茶をまぜることでさらに香ばしい一品に。

作り方

1. 耐熱ボウルにこしあん、砂糖、いりごまを入れて木べらでまぜ、5等分して広げる。ラップフィルムをかけずに電子レンジで2分加熱し、かためのあんを作り、そのまま室温で冷ます。
2. 冷めたら一度ひとかたまりにし、10等分して丸める（A）。
3. ボウルに卵白を入れて木べらでほぐし、砂糖を加えてよくまぜる。
4. 別のボウルに小麦粉、ベーキングパウダー、抹茶を合わせ入れ、ストレーナーに通して3にふるい入れる。粉っぽさがなくなるまで、木べらでまぜる。かたくしぼったふきんをかけて30分休ませる。
5. 4を小麦粉を振った皿にとり出し、全体に小麦粉をまぶして10等分する（B）。2のあんをのせ、端をつまんで閉じる（C）。手のひらで転がすようにしてだ円形にする。
6. フライパンを弱火にかけて、サラダ油をしみ込ませたペーパータオルで油を薄く塗る。5の片面に煎茶をつけ、つけた面を下にして3分ほど焼く。焼き色がついたら返して（D）、蓋をする。裏にも焼き色がつき、まわりが乾くまでさらに3分ほど焼く。

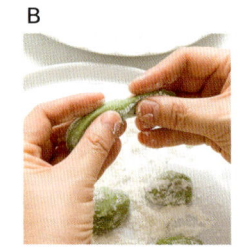

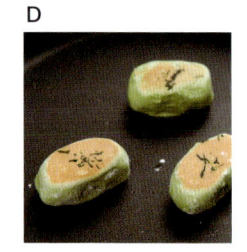

材料（10個分）

[生地]
- 卵白 … 12g（中1/3個分）
- 砂糖 … 30g
- 小麦粉 … 30g
- ベーキングパウダー … 少々（小さじ1/8）
- 抹茶 … 少々（小さじ1/6）

小麦粉（手粉）… 1/2カップ

[あん]
- こしあん … 150g
- 砂糖 … 15g
- いりごま … 小さじ1

煎茶 … 少々
サラダ油 … 少々

道具

電子レンジ、ボウル、蓋、フライパン、木べら、ストレーナー、皿、ふきん、ペーパータオル、はかり、計量カップ、計量スプーン

65

column 3

あんについて

　あんさえあれば、手軽に作れる和菓子はたくさんあります。初心者なら、まずは市販のあんを使って、和菓子を手作りする楽しさや、手作りならではのおいしさを味わってください。メーカーによって甘さややわらかさはさまざまなので、好みのあんを見つけましょう。

　もし、市販のあんがやわらかすぎてうまく丸められない場合は、電子レンジで加熱を。あん100gに対して、ラップフィルムをかけずに電子レンジで1分加熱してから冷ませば、ほどよいかたさになります。

　和菓子作りに慣れたら、あずきからのあん作りにもチャレンジしては。自慢の一品に仕上がることまちがいありません。

4章

蒸し器・なべで
おまんじゅう

生地を丸めて蒸し器に入れ、待つこと数分。
蓋をあければ、真っ白な湯げとともに甘い香りが広がります。
ふっくら蒸したてのおまんじゅうが並ぶ姿は感動もの。
手作りだからこそ味わえる楽しみです。

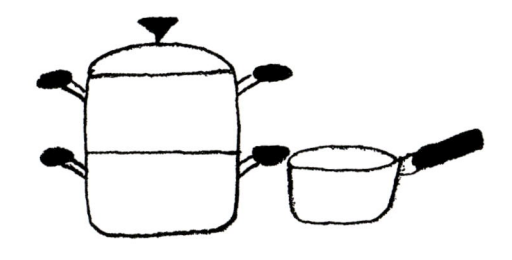

4章 ｜ 蒸し器・なべで おまんじゅう

桜まんじゅう

ほんのりピンクの生地に、桜の花がかわいらしい。ベーキングパウダーの色が表面に出ることもありますが、それも手作りならではの味わいです。

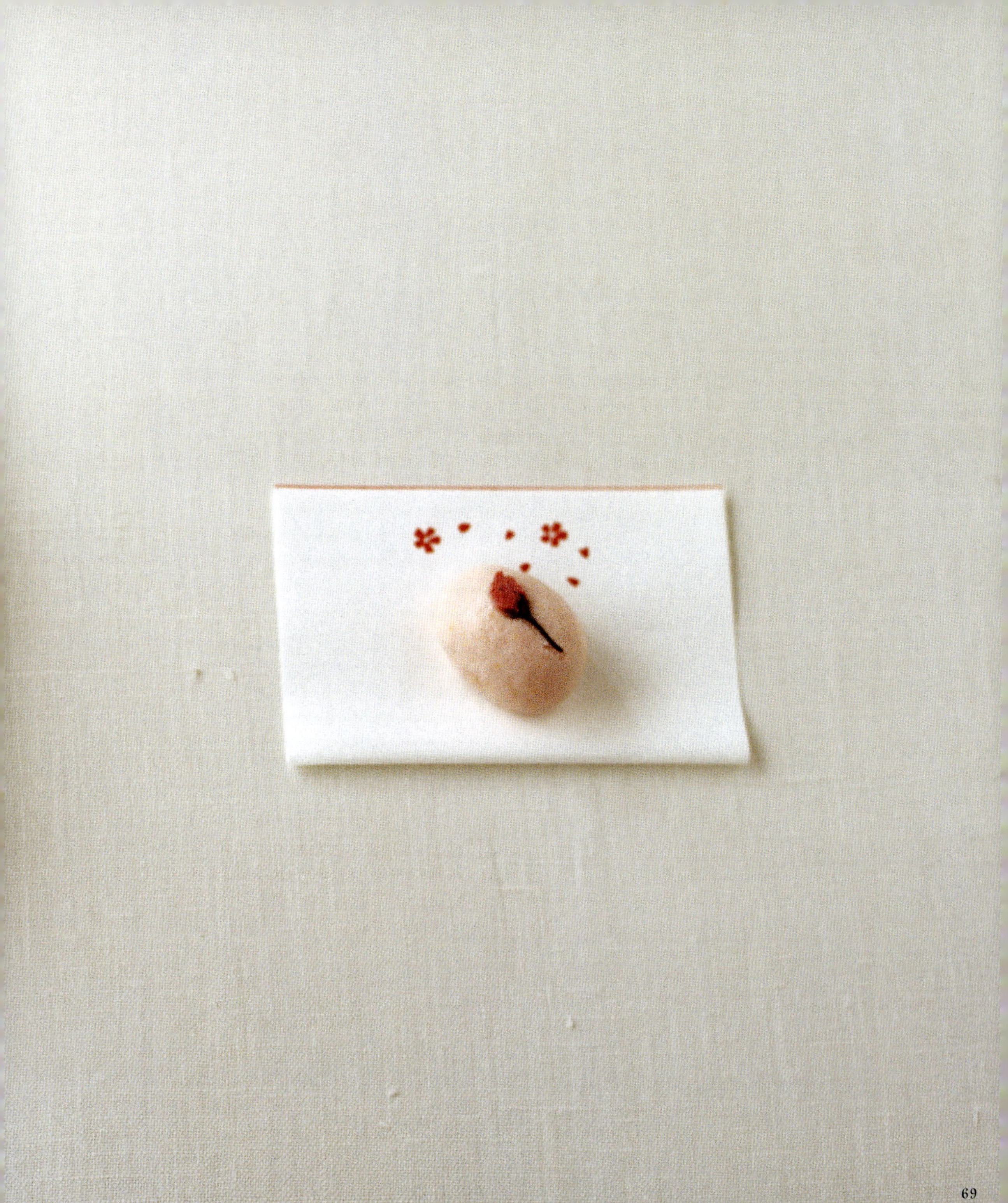

4章 | 蒸し器・なべで おまんじゅう

材料（8個分）
粒あん … 160g
[生地]
　砂糖 … 40g
　水 … 15ml
　小麦粉 … 50g
　※できれば、きめがこまかい日清フーズ「バイオレット」を。
　ベーキングパウダー … 小さじ⅓
赤の色粉 … 少々
桜の花の塩漬け … 8個
小麦粉（手粉）… ½カップ

道具
電子レンジ、ボウル、耐熱ボウル（または電子レンジ用耐熱容器）、蒸し器、泡立て器、ゴムべら、ストレーナー、皿、菜箸、クッキングシート、はかり、計量カップ、計量スプーン

下準備 色粉を菜箸の先でとって小皿に入れ、水1〜2滴（分量外）でとく。別の皿に小麦粉を振る。クッキングシートを5cm角に切って8枚用意する。

1
ボウルに桜の花と水適量（分量外）を入れ、15〜30分つけて塩抜きをする。

2
粒あんは8等分して丸める。

6
4を加えてゴムべらでまぜ、耳たぶくらいのかたさになるまで手でこねる。

7
ひとかたまりになったら棒状にし、小麦粉を振った皿にとり出して、ゴムべらで8等分する。

3

生地を作る。耐熱ボウルに砂糖と水を入れ、ラップフィルムをかけずに電子レンジで30秒加熱する。とり出して泡立て器でまぜ、砂糖をとかす。

4

水でといた色粉を少しずつ加えてまぜ、写真のようなピンクに着色する。そのまま室温で冷ます。

5

別のボウルを用意し、小麦粉とベーキングパウダーをストレーナーに通してふるい入れる。

8

直径8cmほどの円形に薄くのばす。

9

2のあんをのせ、生地の端をつまんで閉じる。両手のひらで転がすようにしてだ円に成形する。

10

上に桜の花をのせ、クッキングシートにのせる。蒸し器に並べ、中火で13分蒸す。

4章 | 蒸し器・なべで おまんじゅう

あん包みわらびもち

ふるふるのわらびもちであんを包み、香ばしいきな粉をあしらった一品。生地がやわらかいので、片手で支えながらていねいに包みます。

作り方

下準備　皿にきな粉を振る。

1. こしあんは8等分して丸める。
2. ボウルにわらび粉、黒砂糖、砂糖、水を入れて泡立て器でよくまぜる。ストレーナーに通して、片手なべにこし入れる(**A**)。
3. 中火にかけ、木べらでなべ底をこするようにしながらよくまぜる(**B**)。のり状になったら、さらにつやが出るまでねる(**C**)。
4. ひとかたまりにまとめ、きな粉を振った皿にとり出す。
5. きな粉を手粉にし、8等分する。1のあんをのせ、端を引っぱるようにしてあんを包み、つまんで閉じる(**D**)。
6. 閉じ目を下にし、残ったきな粉を茶こしで振る。

材料（8個分）

こしあん … 200g
[生地]
　わらび粉 … 25g
　黒砂糖 … 25g
　砂糖 … 25g
　水 … 100mℓ
　きな粉(手粉と飾り) … ½カップ

道具

ボウル、片手なべ、泡立て器、木べら、ストレーナー、茶こし、皿、はかり、計量カップ

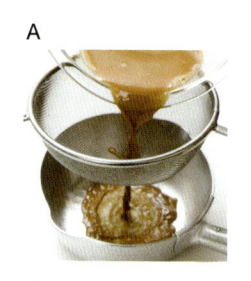

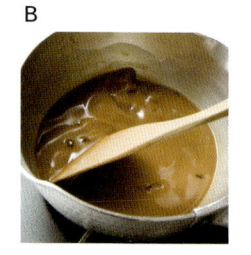

73

4章 | 蒸し器・なべで おまんじゅう

葛まんじゅう

透明感のある葛の生地は、見るからに涼しげ。でき上がったらよく冷やして、つるんとした口あたりを楽しみましょう。

作り方

下準備　ラップフィルムを20〜25cm角に切って8枚用意する。

1. こしあんは8等分して丸める。
2. ボウルに葛粉、砂糖、水を入れて泡立て器でよくまぜる。粉がとけたら、ストレーナーに通して片手なべにこし入れる（A）。
3. 中火にかけ、木べらでなべ底をこするようにしながらのり状になるまでよくねる（B）。
4. 葛がのり状になったら、手早くラップフィルムに8等分してのせ、さらに1のあんをのせる（C）。ラップフィルムごと生地であんを包み（生地が熱いので注意する）（D）、茶きんしぼりにして口を輪ゴムでとめる。
※ゆっくりしていると葛が冷めてかたくなり、あんが包みにくくなるので注意しましょう。
5. なべに湯を沸かし、4を入れて、生地が透き通るまで6〜7分ゆでる（E）。
6. 水を入れたボウルに5をとり出して冷ます（F）。冷めたらラップフィルムをはがす。

材料（8個分）

こしあん … 160g
[生地]
　葛粉 … 30g
　砂糖 … 50g
　水 … 200mℓ

道具

ボウル、ラップフィルム、片手なべ、なべ、泡立て器、皿、木べら、ストレーナー、はかり、計量カップ、輪ゴム

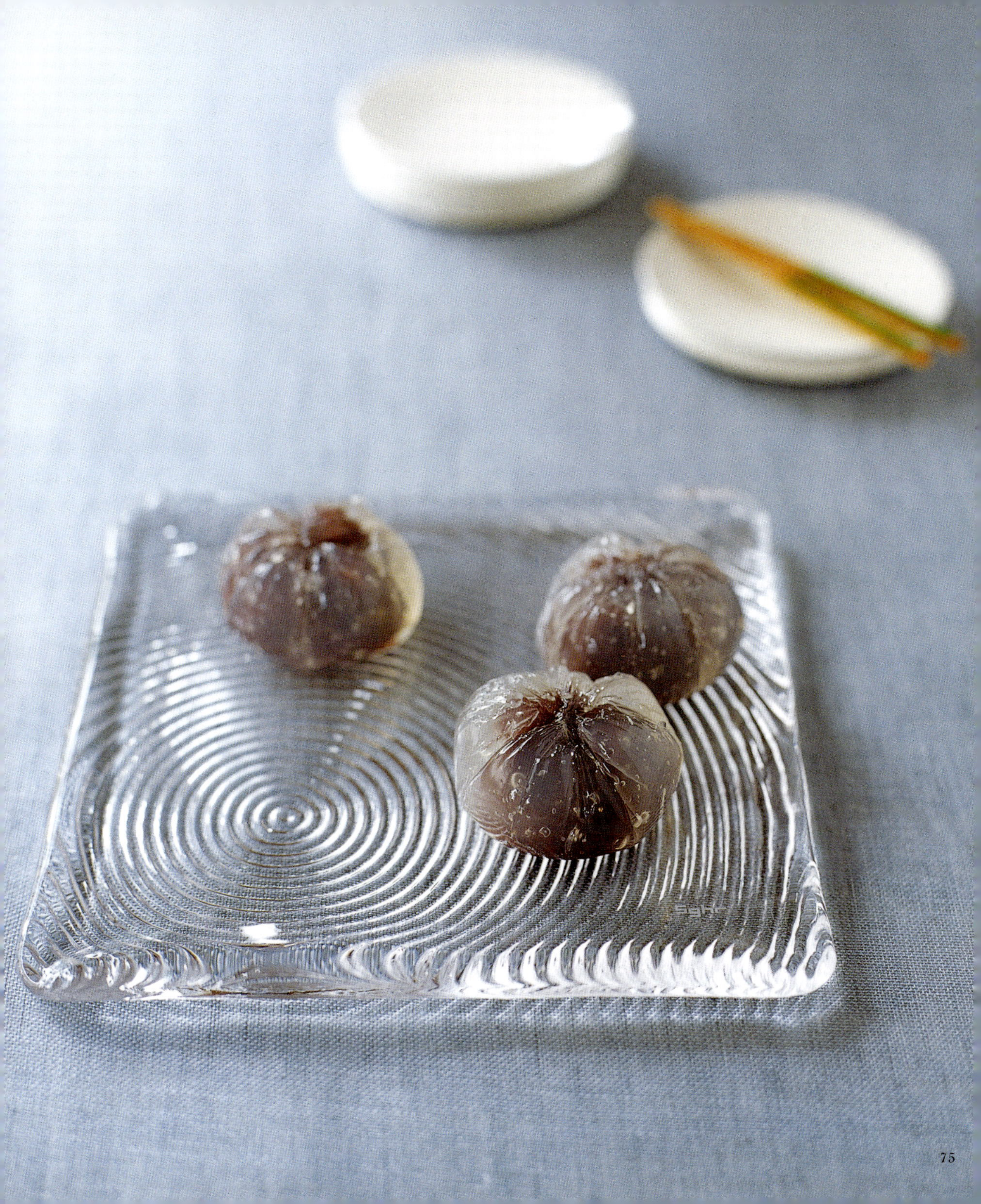

4章 | 蒸し器・なべで おまんじゅう

おいもの鬼まんじゅう

素朴なお菓子の代表選手、鬼まんじゅう。蒸し上がりは、生地はふっくら、おいもはほくほく。湯げとともになんとも幸せな香りが広がります。

作り方

1. さつまいもは皮つきのまま1cm角に切り、ボウルに張った水に10分つけてアクを抜く（A）。
2. 水けをよくきって耐熱ボウルに入れ、ラップフィルムをふんわりとかけて、蒸気が逃げるように一部にすきまをあけ、電子レンジで3分加熱する（B）。とり出して、そのまま室温で冷ます。
3. ボウルに卵と牛乳を入れ、ゴムべらでまぜる。砂糖、塩を加えてさらにまぜる。
4. 3に小麦粉とベーキングパウダーをストレーナーに通してふるい入れ（C）、ゴムべらでさっくりとまぜる。2のさつまいもを水けをきってから加えてまぜる（D）。
5. レードルでマフィン型に分け入れる（E）。蒸気の上がった蒸し器に並べ（F）、中火で15分蒸す。

材料
（直径5.5×高さ5cmのマフィン型8個分）

さつまいも … 250g（中1本）
卵 … 中1個
牛乳 … 大さじ2
砂糖 … 100g
塩 … 小さじ½
小麦粉 … 100g
ベーキングパウダー … 小さじ½

道具
電子レンジ、ボウル、耐熱ボウル（または電子レンジ用耐熱容器）、ラップフィルム、蒸し器、マフィン型（直径5.5×高さ5cm）、ゴムべら、包丁、まないた、ストレーナー、レードル、はかり、計量スプーン

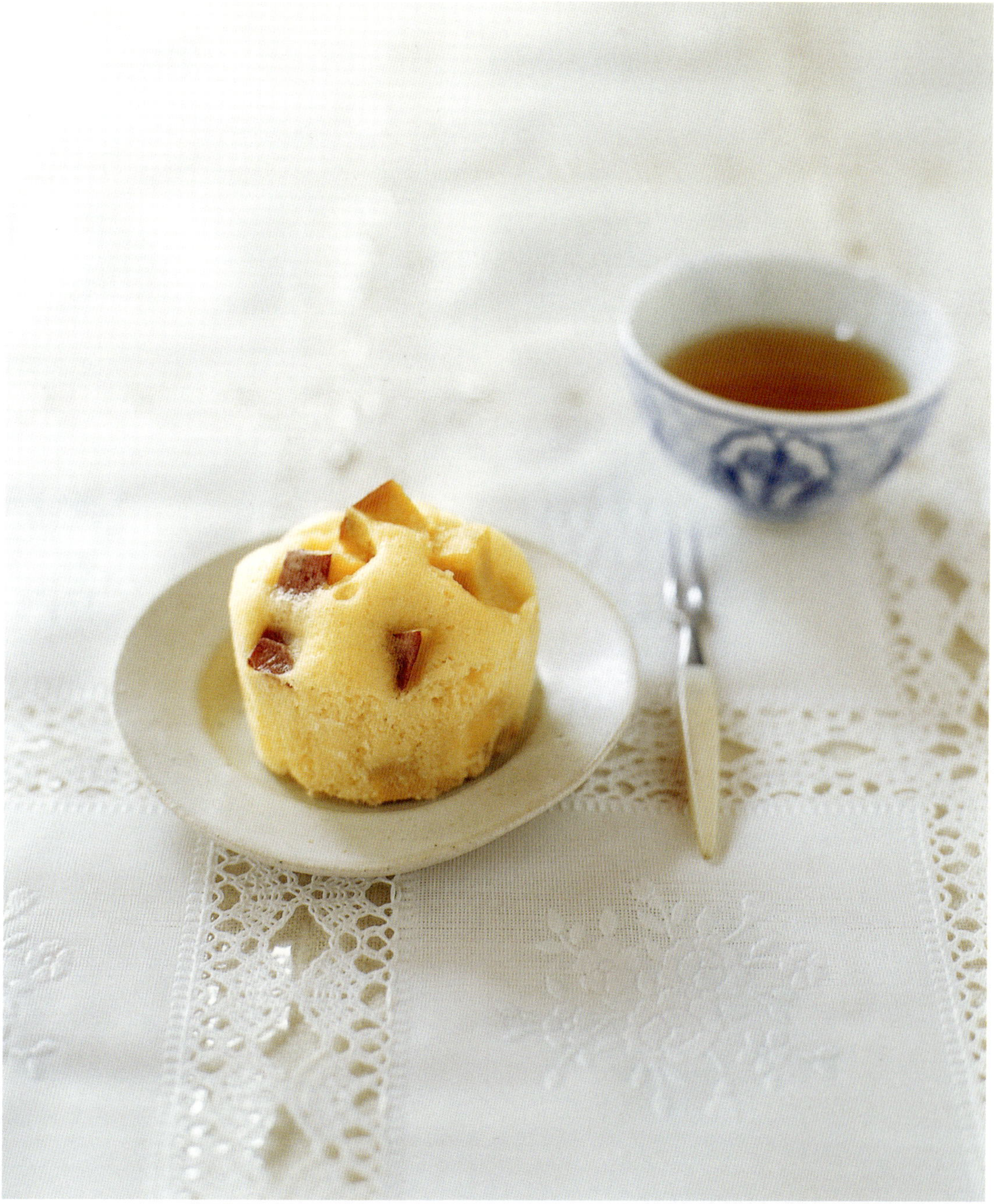

かるかんまんじゅう

やまといもならではの、もっちりした食感と風味がかるかんまんじゅうのおいしさ。小ぶりのカップで作って、気軽に楽しんで。

作り方

1. 粒あんは8等分して丸める。
2. やまといもは厚めに皮をむいてすりおろし（A）、計量して40g用意する。
3. ボウルに2のやまといもとグラニュー糖を入れ、泡立て器ですりまぜる（B）。つやが出てきたら、水を2～3回に分けて加え、よくまぜてなめらかにする（C）。
4. 上新粉とベーキングパウダーをストレーナーに通してふるい入れる（D）。泡立て器でまぜ、かたくしぼったふきんをかぶせて30分休ませる。
5. スプーンでカップの半分まで生地を入れ、1のあんを入れる（E）。さらに残りの生地を入れる。
6. 蒸気の上がった蒸し器に並べ、中火で7～8分蒸す。

材料
（直径4×高さ4cmのカップ8個分）

粒あん … 120g

[生地]
- やまといも … 40g（正味）
- グラニュー糖 … 70g
- 水 … 60mℓ
- 上新粉 … 50g
- ベーキングパウダー … 小さじ1/6

道具
ボウル、蒸し器、紙カップ（直径4×高さ4cm）、おろし器、泡立て器、ストレーナー、皿、ふきん、はかり、計量カップ、計量スプーン、スプーン

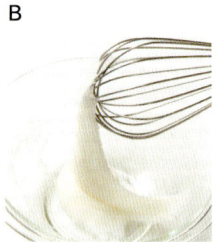

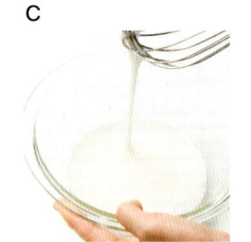

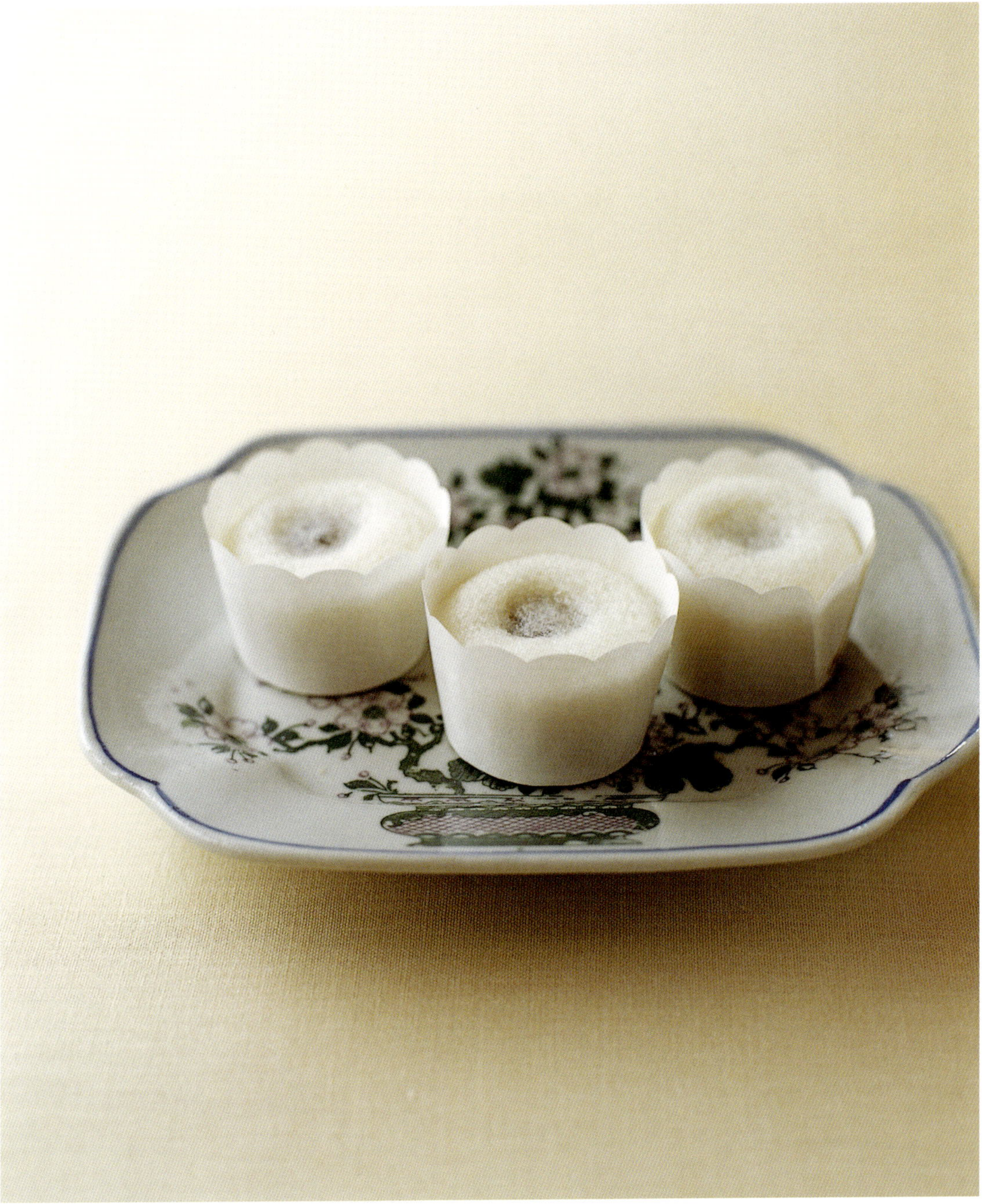

ひと口利久まんじゅう

黒砂糖の生地が、茶人・千利休好みの色に仕上がることから名づけられたというおまんじゅう。ひと口サイズでかわいらしく蒸し上げました。

作り方

下準備　重曹を水小さじ1（分量外）でとく。皿に小麦粉を振る。クッキングシートを5cm角に切って12枚用意する。

1. こしあんは12等分して丸める。
2. 耐熱ボウルに黒砂糖、砂糖、水を入れてスプーンでまぜ、ラップフィルムをふんわりとかけ、電子レンジで30秒加熱する。とり出してさらにまぜて完全にとかす。
3. 2をストレーナーに通してボウルにこし入れ（A）、そのまま室温で冷ます。冷めたら水でといた重曹を加え、スプーンでまぜる。
4. 小麦粉をストレーナーに通して別のボウルにふるい入れ（B）、3を加えて木べらでまぜる（C）。
5. ひとかたまりにしたら、小麦粉を振った皿にとり出し、小麦粉を全体にまぶす（D）。
6. 12等分して、直径6cmの円形にのばす。1のあんをのせ、生地の端を引っぱるようにしてあんを包み（E）、閉じ目を下にしてクッキングシートにのせる。
7. 蒸気の上がった蒸し器に並べ、中火で12〜13分蒸す。

材料（12個分）

こしあん … 150g
[生地]
　黒砂糖 … 25g
　砂糖 … 15g
　水 … 15g（重さではかる：厳守）
　重曹 … 小さじ⅓
　小麦粉 … 50g
　　※できれば、きめがこまかい日清フーズ「バイオレット」を。
小麦粉（手粉）… ½カップ

道具

電子レンジ、ボウル、耐熱ボウル（または電子レンジ用耐熱容器）、ラップフィルム、蒸し器、木べら、ストレーナー、皿、器、クッキングシート、はかり、計量カップ、計量スプーン、スプーン

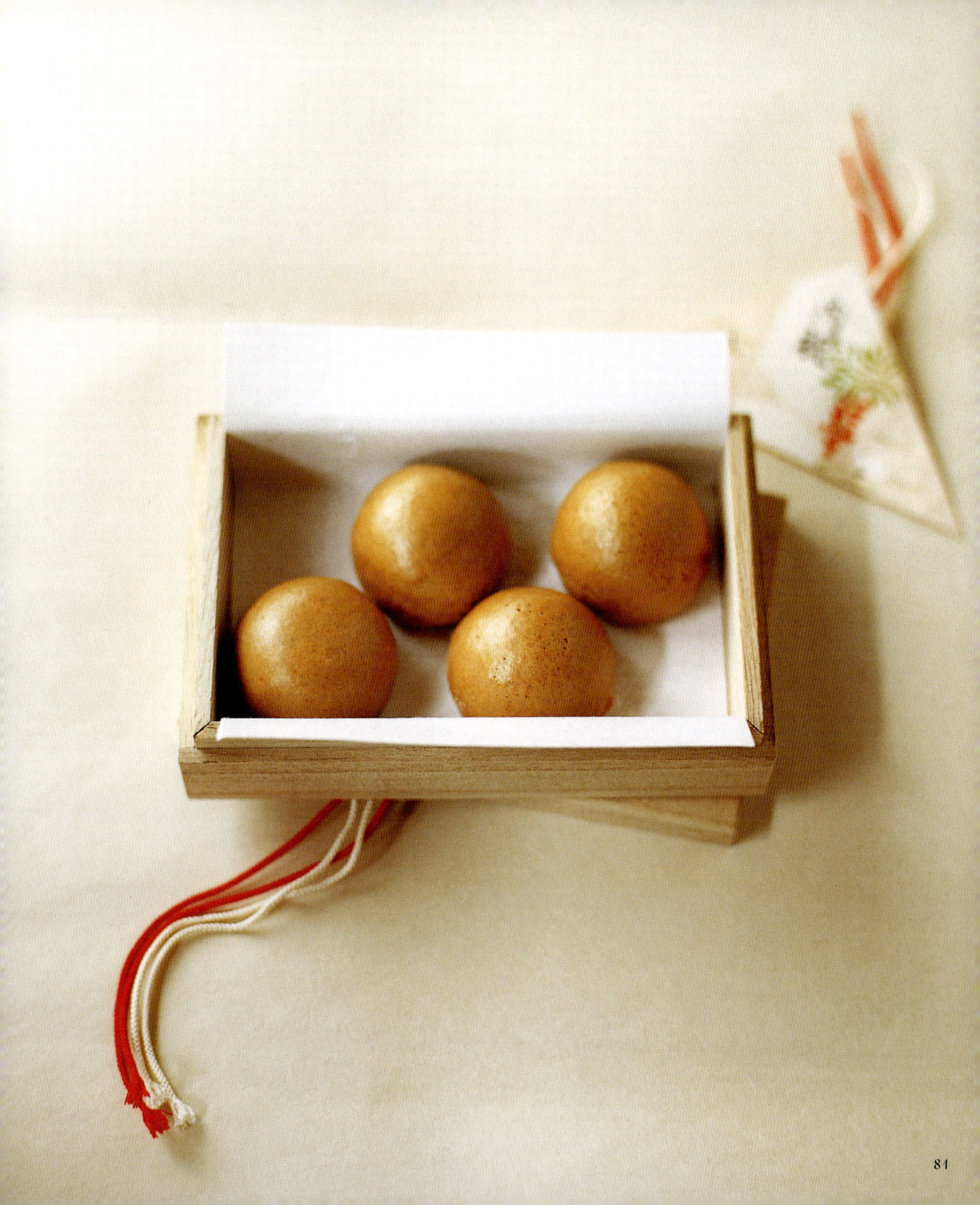

織部まんじゅう

きれいに仕上げるのが少しむずかしいじょうよまんじゅうも、色粉と焼き目をつけるだけで、見ばえよく仕上がります。冷凍のやまといもを使って、きちんと計量することを忘れずに。

作り方

下準備 色粉を菜箸の先でとって小皿に入れ（**A**）、水1〜2滴（分量外）でとく。クッキングシートを5cm角に切って7枚用意する。

1. こしあんは7等分して丸める。
2. ボウルにやまといもと砂糖を入れ、すりこ木でよくすりまぜる。生地がもったりし、持ち上げたすりこ木からとろりとゆっくり落ちる状態になるまでまぜる（**B**）。かたくしぼったふきんをかけ、30分（余裕があれば一晩）休ませる。
3. 別のボウルに上新粉を入れ、**2**を加えて折りたたむようにしながら粉をねり込む（**C**）。
4. 上新粉を手粉にして、生地を7等分する。直径8cmほどの円形に薄くのばして、**1**のあんをのせ、端をつまんで閉じるようにして包む（**D**）。閉じ目を下にして、クッキングシートにのせる。
5. 蒸気の上がった蒸し器に並べ、弱火〜中火で6〜7分蒸す。
6. ペーパータオルを幅1cmほどに折りたたみ、水にといた色粉をしみ込ませる。表面の一部をたたくようにして緑に着色する（**E**）。金串を赤くなるまで火であぶり、桁の形に焼き目をつける（**F**）。

材料（7個分）

こしあん … 140g

[生地]
　やまといも（冷凍すりおろし）
　　… 20g
　砂糖 … 40g
　上新粉 … 25g
　※できれば、きめのこまかい
　　上用粉を。
緑の色粉 … 少々
上新粉（手粉）… ½カップ

道具

ボウル、蒸し器、すりこ木、小皿、金串、ふきん、ペーパータオル、クッキングシート、はかり、計量カップ

83

column 4

形について

　最初はなかなかきれいにあんを包めなかったり、大きさがそろわなかったりするかもしれません。でも、それも手作りならではのこと。失敗だと思わず、味わいとして楽しむようにしましょう。

　また、流し型に入れてかためても、表面がきれいにできない、うまく型から出せない、形やサイズがそろわないといったこともあるでしょう。その場合は、市販の抜き型を使ってみてください。季節に合わせた形の抜き型を選べば、それだけで品よく見ばえよく仕上がります。

　最初から完璧な形を目ざさず、まずは楽しんで作ること。何度か繰り返すうちに、自然とコツがつかめてくるはずです。

5章

冷たい
和風デザート

冷たい和風のデザートは、
季節を問わず、家族やお客さんに喜ばれます。
ぷるん、つるんと口に入る食感に、
やみつきになることまちがいなしです。

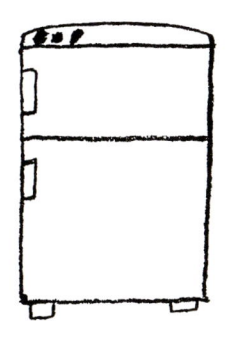

5章 | 冷たい 和風デザート

豆乳どうふ

口にしたとたん広がる豆乳の風味と黒みつの甘さが絶妙の組み合わせです。グラスに直接作り、そのまま冷やしましょう。

作り方
1. 耐熱ボウルに砂糖とアガーを入れ、泡立て器でよくまぜる（A）。
2. 豆乳を加えて、さらによくまぜる（B）。
3. ラップフィルムをかけずに電子レンジで6分加熱する（C）。
4. とり出してまぜ、レードルでグラスに分け入れる（D）。そのまま冷蔵庫に入れて30分冷やす。
5. 黒みつを作る。耐熱ボウルに黒砂糖、水あめ、水を入れて泡立て器でまぜ、ラップフィルムをかけずにレンジで2分加熱する。とり出して泡立て器でさらによくまぜ（E）、そのまま室温で冷ます。食べる直前に、かたまった豆乳どうふの上に黒みつを流し入れる。

材料（6個分）
豆乳 … 600ml
アガー … 10g
砂糖 … 30g
[黒みつ]
　黒砂糖 … 70g
　水あめ … 30g
　水 … 50ml

道具
電子レンジ、耐熱ボウル（または電子レンジ用耐熱容器）、グラス、泡立て器、レードル、はかり、計量カップ

87

5章 | 冷たい 和風デザート

マンゴープリン

マンゴーをたっぷり使ったプリンには、白玉をあしらって和風に仕上げました。さらにあんをのせても、おいしい一品です。

作り方

1. マンゴーは皮をむき、果肉をこそげとる。飾り用の30gを容器に分け、残りをフードプロセッサーにかける(**A**)。
2. 耐熱ボウルに砂糖とアガーを入れて泡立て器でよくまぜ、牛乳を加えてさらにまぜる。ラップフィルムをかけずに電子レンジで3分加熱する。
3. 1のマンゴーのピュレを加えて(**B**)ゴムべらでまぜ、ラップフィルムをかけずに電子レンジで2分加熱する。とり出してゴムべらでまぜ、ラップフィルムをかけずにさらにレンジで1分加熱する。とり出して、さらによくまぜる。
4. レードルでグラスに分け入れ(**C**)、すぐ冷蔵庫に入れて冷ます。
5. 白玉を作る。ボウルに白玉粉と砂糖を入れ、水を少しずつ加えながら、手でよくこねる(**D**)。耳たぶくらいのかたさになったら、手でちぎって18等分し、小指の先くらいに丸める。
6. 耐熱ボウルに水を入れ、ラップフィルムをかけずにレンジで2分加熱する。とり出して5を加え、ラップフィルムをかけずにさらにレンジで1分加熱する(**E**)。
7. とり出して、水を入れたボウルに移して冷ます(**F**)。飾り用のマンゴーを包丁で食べやすい大きさに切る。
8. 冷えたマンゴープリンに白玉と飾り用のマンゴーを盛りつける。

材料（6個分）

マンゴー … 2個（正味300〜350g）
砂糖 … 50g
アガー … 10g
牛乳 … 200㎖
[白玉]
　白玉粉 … 25g
　砂糖 … 5g
　水（粉をこねる用）… 大さじ1強
　水（電子レンジ加熱用）… 200㎖

道具

電子レンジ、ボウル、耐熱ボウル（または電子レンジ用耐熱容器）、グラス、フードプロセッサー、泡立て器、ゴムべら、包丁、まないた、レードル、はかり、計量カップ、計量スプーン

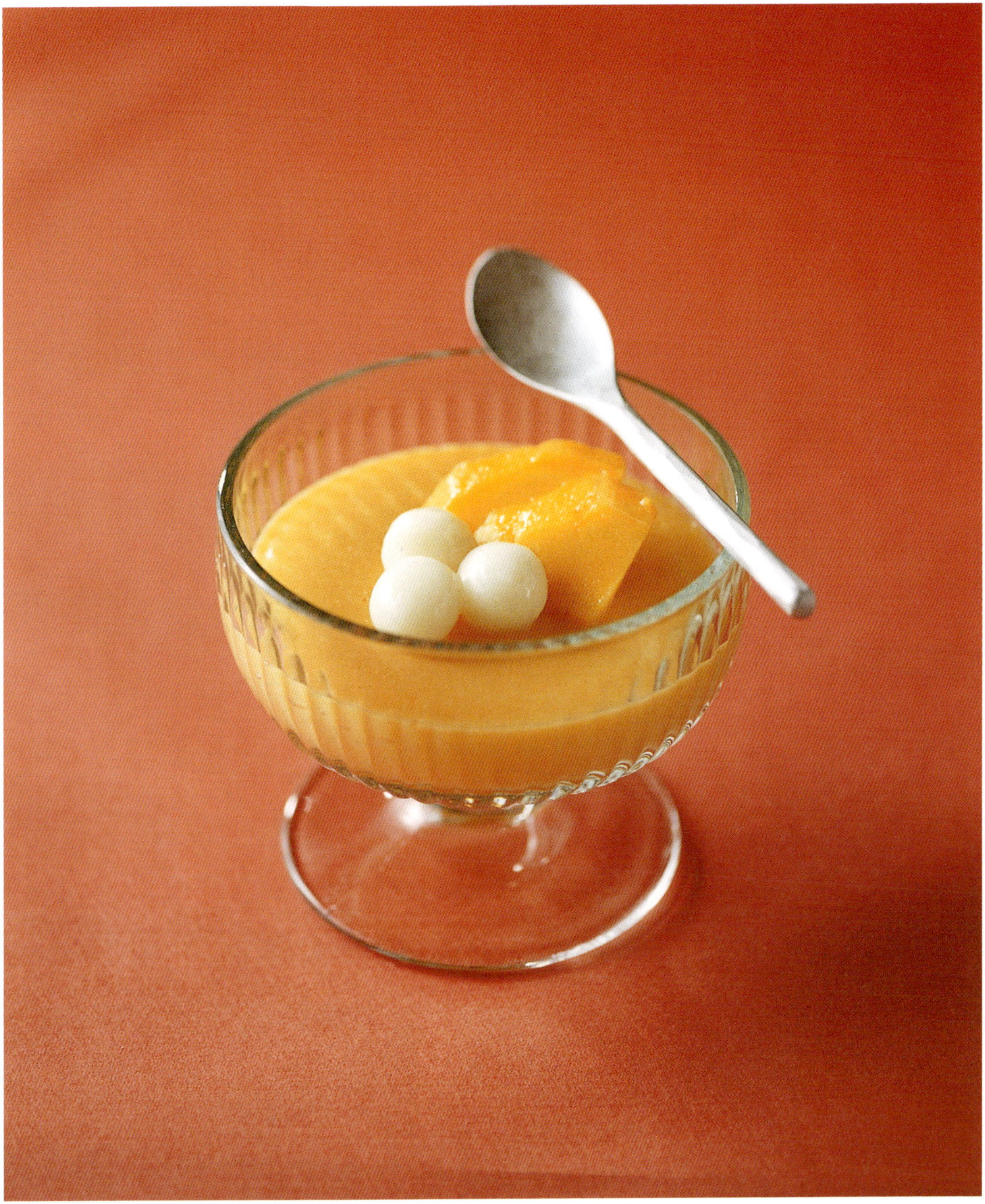

葛きり

黒みつをつけて口に運べば、するするといくらでも食べられそうな葛きり。薄い葛の板をとろりとはがすのが、なんとも楽しい作業です。

作り方

下準備　大きめのなべに湯を沸かす。ボウルに水を用意する。別のボウルに氷水を用意する。

1. さらに別のボウルに葛粉、砂糖、水を入れて泡立て器でまぜ、茶こしに通してボウルにこし入れる（**A**）。
2. ぬれぶきんでふいた流し型に、1をレードルで1杯弱ほどすくって入れる（厚さ3mm程度）（**B**）。トングでつかみ、なべの湯に浮かべて湯煎にかける（**C**）。表面が乾いてきたら、型ごと湯の中に沈めてゆでる（**D**）。
3. 透き通ってきたら、とり出して水の入ったボウルの中に入れる。型の端に指を入れるようにして葛の板をはがす（**E**）。
4. 2、3を4～5回繰り返す。
5. 葛の板をまないたに広げて、1cm幅に切り（**F**）、氷水に入れて冷やす。黒みつ（作り方は86ページ・5参照）をつけて食べる。

材料
（4～5人分、葛きりは13×15cm×厚さ3mmが4～5枚）

- 葛粉 … 50g
- 砂糖 … 大さじ1
- 水（葛粉にまぜる分）… 120mℓ
- 黒みつ … 適量

道具

ボウル、流し型（15×13×高さ4cmの外側のみ）、なべ、泡立て器、包丁、まないた、茶こし、レードル、トング、ふきん、はかり、計量カップ、計量スプーン

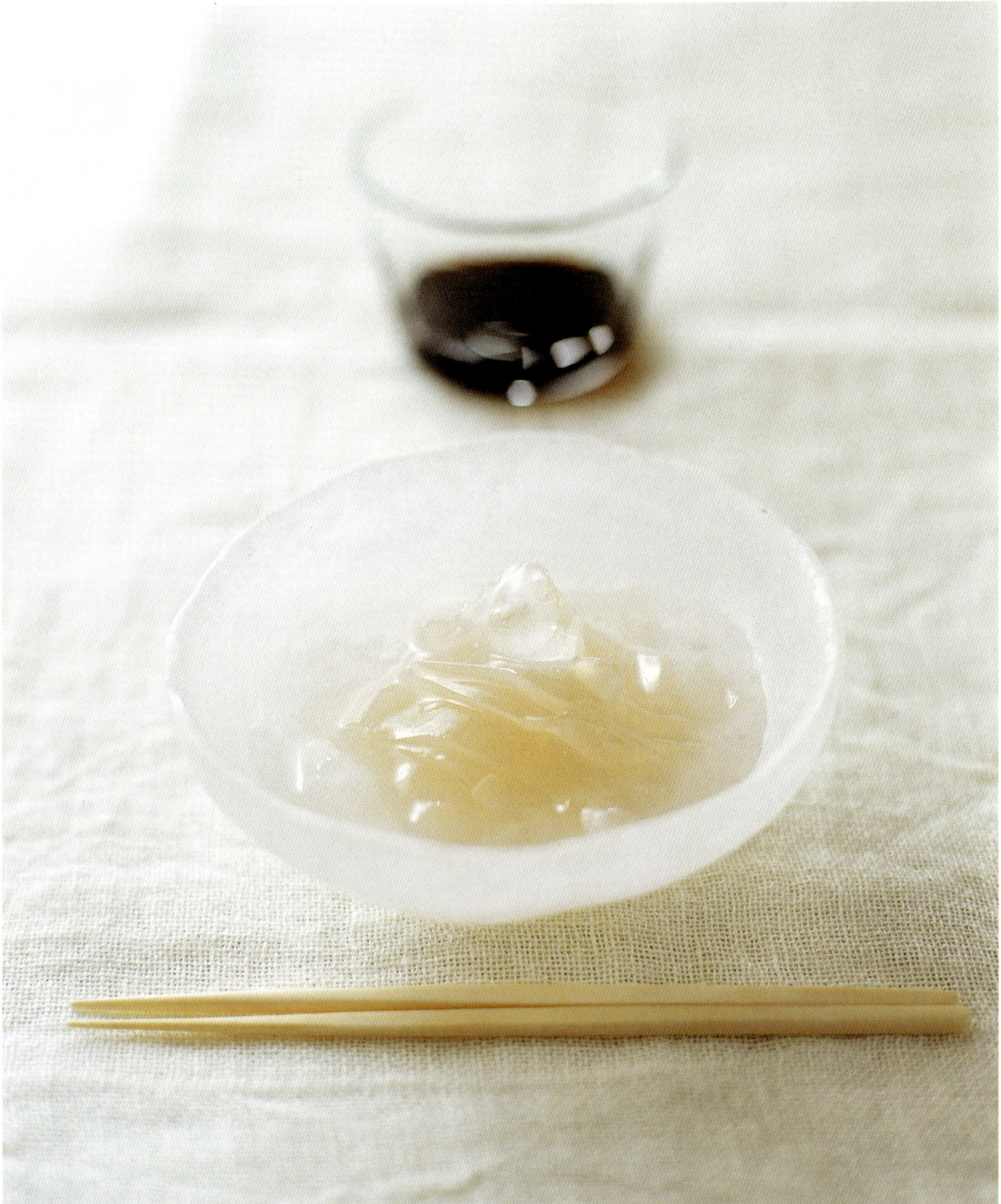

やわらかみつ豆

あんを加えず、黒豆と白みつでシンプルに仕上げました。寒天の食感が存分に味わえるデザートです。もちろん、甘党にはあんを加えても。

作り方

下準備　黄桃を食べやすい大きさに切る。

1. 寒天を作る。耐熱ボウルに粉寒天と水を入れて、泡立て器でよくまぜる（A）。ラップフィルムをかけずに電子レンジで7分加熱する。
2. 流し型に流し入れて（B）、そのまま室温で冷やしかためる。
3. 白みつを作る。耐熱ボウルにグラニュー糖、水あめ、水を入れて泡立て器でまぜる。ラップフィルムをかけずにレンジで2分加熱する。とり出して、そのまま室温で冷ます。
4. 2の寒天を型からとり出し、1.5cm角に切って器に盛る（C）。黒豆、黄桃をのせ、白みつをかける。

材料（5～6人分）

[寒天]
　粉寒天 … 4g
　水 … 500ml
[白みつ]
　グラニュー糖 … 70g
　水あめ … 30g
　水 … 50ml
黒豆の煮豆 … 適宜
黄桃（缶詰） … 適宜

道具

電子レンジ、耐熱ボウル（または電子レンジ用耐熱容器）、流し型（15×13×高さ4cm）、泡立て器、包丁、まないた、はかり、計量カップ

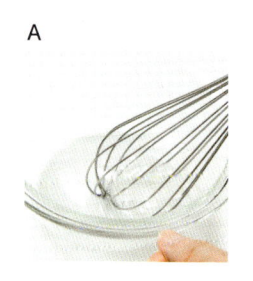

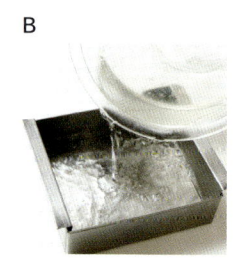

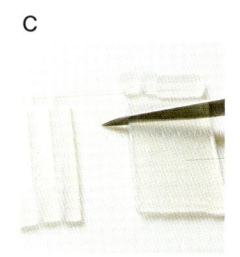

93

5章 | 冷たい 和風デザート

抹茶ババロア

アガーを使うことで寒天よりもやわらかくでき上がります。やわらかめのゆであずきを添えて、とろりととろける食感を楽しみましょう。

作り方
1. 器に抹茶と水を入れ、ゴムべらでまぜて抹茶をとかす。生クリームを少しずつ加えてゴムべらでよくまぜる(**A**)。
2. 耐熱ボウルに砂糖とアガーを入れて泡立て器でよくまぜ、牛乳を加えてさらにまぜる(**B**)。
3. ラップフィルムをかけずに電子レンジで3分加熱する。
4. とり出して1を加え、泡立て器でさらによくまぜる(**C**)。レードルでプリン型に流し入れる(**D**)。冷蔵庫で冷やす。
5. プリン型の縁に包丁などをさし込んで空気を入れ、抹茶ババロアをとり出す。皿に盛り、ゆであずきを添える。

材料（6個分）
抹茶 … 大さじ1
水 … 大さじ2
生クリーム … 100㎖
砂糖 … 30g
アガー … 10g
牛乳 … 400㎖
ゆであずき … 適宜

道具
電子レンジ、耐熱ボウル(または電子レンジ用耐熱容器)、プリン型、泡立て器、ゴムべら、包丁、器、レードル、はかり、計量カップ、計量スプーン

95

松井ミチル

東京生まれ。女子美術大学を卒業後、京都の裏千家学園で茶道、懐石料理、和菓子作りなどを学ぶ。現在は岐阜と東京で、懐石料理、和菓子、裏千家茶道教室を主宰。プランタン銀座のエコールプランタン、三越カルチャーサロンで和菓子教室の講師を務める。茶席では茶懐石や茶菓子をふるまう。その一方、家庭で手軽にできる簡単和菓子の創作にも力を注ぐ。著書に『きょうは和菓子の気分です。』（文化出版局）、『電子レンジでかんたん和菓子』『電子レンジでかんたん！野菜と果物の和菓子』（ともにPHP研究所）がある。

staff

アートディレクション＆デザイン／knoma
スタイリング／曲田有子
イラスト／口広真由美
撮影／千葉 充（主婦の友社写真室）
編集／晴山香織
編集デスク／東明高史（主婦の友社）

セレクトBOOKS
やさしい 和菓子

著　者　松井ミチル
発行者　荻野善之
発行所　株式会社主婦の友社
　　　　〒101-8911 東京都千代田区神田駿河台2-9
　　　　電話（編集）03-5280-7537　（販売）03-5280-7551
印刷所　図書印刷株式会社

ⓒ MICHIRU MATSUI 2009 Printed in Japan　ISBN978-4-07-268056-8
Ⓡ〈日本複写権センター委託出版物〉
本書を無断で複写複製（コピー）することは、著作権法上の例外を除き、禁じられています。
本書をコピーされる場合は、事前に日本複写権センター〈JRRC〉の許諾を受けてください。
JRRC〈http://www.jrrc.or.jp　eメール：info@jrrc.or.jp　電話：03-3401-2382〉

＊乱丁本、落丁本はおとりかえします。お買い求めの書店か、主婦の友社資材刊行課（電話03-5280-7590）にご連絡ください。
＊記事内容に関するお問い合わせは、主婦の友社出版部（電話03-5280-7537）まで。
＊主婦の友社発行の書籍・ムックのご注文、雑誌の定期購読のお申し込みは、
　お近くの書店か主婦の友社コールセンター（電話049-259-1236）まで。
＊主婦の友社ホームページ　http://www.shufunotomo.co.jp/
こ-062002